한국교회
목회신학 유산

한국교회 목회신학 유산

발행 2020년 12월 29일

지은이 김동수
발행인 윤상문
디자인 이보람, 박진경
발행처 킹덤북스
등록 제2009-29호(2009년 10월 19일)
주소 경기도 용인시 기흥구 동백동 622-2
문의 전화 031-275-0196 팩스 031-275-0296

ISBN 979-11-5886-200-8 (03230)

Copyright ⓒ 2020 김동수
이 책은 저작권법에 따라 보호받는 저작물이므로 무단 전재와 복제를 금지하며,
이 책의 내용의 전부 또는 일부를 이용하려면 반드시 저작권자와 킹덤북스의
서면 동의를 받아야 합니다.

※ 잘못된 책은 구입하신 곳에서 교환하여 드립니다.
※ 책 가격은 표지 뒷면에 있습니다.

킹덤북스(Kingdom Books)는 문서사역을 통해 하나님의 나라를 확장하고,
한국 교회와 세계 교회를 섬기고자 설립된 출판사입니다.

한국교회
목회신학 유산

김동수 지음

HERITAGE

킹덤북스
KINGDOM BOOKS

목 차

서문	5
프롤로그 한국 교회 목회 신학 유산 찾기	9
제 1장 대천덕 신부의 두 가지 성령 충만	14
제 2장 박영선 목사의 '제 3의 길' 성령론	38
제 3장 하용조 목사의 "Acts 29"	64
제 4장 조용기 목사의 삼중축복론	82
제 5장 이상근 목사의 요한 교회론	104
에필로그 성령 체험과 교회 일치	127
미주	140
참고 문헌	158

서문

한국 교회에 관해서 쓴 신학 서적과 신학 논문에는 부정적 평가가 압도적으로 많다. 온라인 공간에서의 일반인들의 평가는 더 심하다. 많은 이들에게 한국 교회는 망할 교회이고, 한국 기독교는 '개독교'다. 그런데 이러한 평가가 과연 한국 교회에 대한 올바른 진단이고, 편견 없는 판단인가?

나도 한국 교회에 부정적인 요소가 있다는 데에는 충분히 공감한다. 한국 교회 안에 침투한 샤머니즘 사상과 특히 이데올로기적 효로 대변되는 유교의 가부장제 사상에 대해서는 나 자신도 논문과 칼럼 등을 통해서 비판을 했다. 지금까지 식자들은 주로 한국 교회 안에 있는 샤머니즘적 요소를 주로 지적했지만, 나는 가부장제적 요소가 신약 성경을 이해하는데 더 많은 방해가 된다고 본다. 이러한 사상은 신약 성경이 제시하는 평등의 비전을 보지 못하게 한다. 또 직분을 통해서 타인을 쉽게 지배하는 것으로 많이 이용되었다. 하지만 이러한 부정적인 요소가 있음을 있음을 잘 알고 있음에도 불구하고, 나는 한국 교회를 부정적으로만 보는 것에는 동의할 수 없다.

미국과 영국에서의 5년의 유학 기간 중에 나는 그곳의 크리스천들(주로 신학자들)을 만나 볼 수 있었다. 내가 그들에게서 느낀 것을 지나친 일반화의 위험을 무릅쓰고 말한다면 대체로 이런 것이었다. 그들은 평균적으로 우리보다 성숙한 크리스천 인격을 갖고 있었고, 문화적으로도 그들의 문화는 우리보다 더 성서적이었다. 그럼에도 불구하고 나는 그들이 성서에 있는 많은 중요한 진리를 잃어버렸다고 느꼈다. 그들의 고매한 인격에는 첫 크리스천들이 가졌던 뜨거운 기도나 전도 열정이 없었고, 그들의 잘 직조된 사상에는 사도행전에 나타난 성령의 역사가 들어갈 틈이 없었다. 우리가 문화적으로 유교와 샤머니즘의 세례를 받은 사람들이라면, 그들은 계몽주의의 세례를 받은 크리스천들이었다.

아마도 다음과 같이 말하는 것이 공정한 평가일 것이다. 서양 크리스천들이 성서적 진리를 간직한 것도 있고 잃어버린 것이 있듯이, 한국 크리스천들도 성서적 진리에 배치되는 사상도 가지고 있고 동시에 서양 크리스천들이 잃어버린 성경적 진리를 가지고 있는 것들이 있다.

그렇다면 한국 교회가 가지고 있는 긍정적인 요소는 어떤 것들이 있을까? 나는 신약 학자로서 이런 질문을 가지고 여러 논문을 썼다. 내가 발견할 것들에는 기도, 특히 통성 기도와 방언 기도, 성령 체험과 같은 것들이 있다. 우리 한국 교회에서는 이러한 것들을 체험한 사람들의 비율이 서양 기독교인들에 비해서 월등히 높다. 그래서 한국 교회 크리스천들이 서양 크리스천들이 도달해 있는 인격의 성숙에는 아직 이르지 못했을지라도 하나님을 경험하고, 회개하고, 전도하는 데는 앞서 있다. 비유하자면, 우리는 에서와 같은 사람들이 아니라 야곱과 같은 사람들이다. 에서는 매너 있고 야곱보다 정직한 사람이었지만, 하나님이 보시기에는 야곱보다 못한 사람이었다.

그런데 왜 한국 교회에 대한 신학자들의 비판은 부정적인 것이 압도적으로 많을까? 아마도 그 이유 중 하나는 각 신학자가 서 있는 신앙적 위치 때문일 것이다. 그동안 한국 교회를 과도하게 비판한 사람들의 위치는 주로 인본주의, 일반 상식, 신학적으로 리버럴한 진영이다. 그렇다면 현재 있는 그대로의 성경을 하나님의 말씀으로 믿으며, 그 성경에 있는 것을 지금 체험하며, 그 성경에 있는 하나님과 지금 교제한다고 믿는 사람들의 시각에서 보면 한국 교회의 현재 모습은 앞의 사람들이 본 것과는 다를 수 있다. 흥미롭게도 한국 교회 성도들은 다수가 이런 시각으로 보는데 반해, 이런 시각으로 보는 신학자는 소수다.

나는 본서에서 한국 교회의 좋은 유산을 찾고자 한다. 한국 교회에 전반에 관한 유산들, 예를 들어, 통성 기도, 성경 사랑, 메신저 존중 등에 관해서 연구할 수 있겠으나 본서에서는 지도자적 목회자들의 신학 유산을 살펴보려고 한다. 왜냐하면 그것이 한국 교회에 널리 퍼져 있는 신앙이고, 그 유산을 잘 평가하여 좋은 것을 지킬 수 있기 때문이다. 한국 교회에는 우리가 상상하는 것보다도 좋은 유산이 많다. 교회 개혁을 하면서, 이러한 좋은 유산까지 버리면 안 된다. 유홍준이 『나의 문화유산답사기』 시리즈에서 한국 역사에서 좋은 유산을 찾듯이, 나는 앞으로도 계속 한국 교회의 좋은 신앙 유산을 찾을 것이다. 그 첫 번째 결과가 바로 본서다.

특히 한국 교회는 나에게 어머니 같은 존재다. 나는 어렸을 때 교회 부흥회에 참석해서 이른바 은혜를 체험하고, 또 주일학교에서 배운 성경 지식에 힘입어 크리스천으로 살아왔다. 그때 배웠던 성경과 체험 신앙이 나를 한국 교회를 사랑하는 신앙으로 이끌었다. 비록, 지금은 개독교란 교회 내외적인 비판으로 만신창이가 된 한국 교회지만 여기에도 하나님이 주신 너무나 소중한 유산들이 많이 있다. 본서는 바로 내가 발견한 귀한 유산들이다. 이 유산을 누릴 수 있게 해 준 한국 교회 믿음의 선배들께 감사드린다. 우리의 후손들도 이 귀한 유산을 잘 간직하고 누리기를 소망한다.

2020년 12월
저자 김동수

프롤로그

한국 교회 목회 신학 유산 찾기

신학이란 무엇인가? 협의적 의미로 신학은 신학자들이 기독교 신앙에 대해서 학계에서 인정되는 방법론으로 진리를 추구하는 학문을 일컫는 말이다. 전문 신학자들은 성서 신학(구약학, 신약학), 이론 신학(조직 신학, 역사 신학), 실천 신학(목회학, 상담학 등) 등 각 분야에서 진리 탐구를 한다. 광의적 의미로는 기독교 신앙에 관해서 의미 있게 말하는 모든 것이 신학이라고 할 수 있다. 사실 따지고 보면 교회에서 이루어지고 있는 많은 일들의 배후에는 암묵적으로 취한 신학적 입장이 있다. 그래서 목회자와 일반 신자도 비록 전문 신학자는 아니지만 광의적으로 신학을 가지고 있다고 할 수 있다.

본서에서 나는 전문 신학자의 신학이 아니라 목회자의 신학을 논하고자 한다. 정상적인 목회자는 목회하는데 있어서 일정한 신학적 입장과 방향이 있다. 그리고 그것을 설교나 신앙 서적 등을 통해서 밝히면서, 실제로 그 신학에 따라 목회한다. 나는 본서에서 그러한 목회자들의 신학을 탐구하려 한다. 이러한 연구가 의미 있는 것은 전문 신학자의 신학이 일반 신자들에게 직접 영향을 끼치는 경우는 드문데 반해, 목회자들의 신학은 교인들에게 직접적으로 지대한 영향을 끼치기 때문이다.

내가 본서에서 목회 신학이라고 한 것은 목회자들의 신학을 지칭하는 것이다. 목회 신학이라는 말은 목회에 관한 전문 신학, 즉 실천 신학을 가리킬 수도 있고,¹ 최근에는 성서 신학이나 이론 신학의 적용 신학이 아니라 인간의 체험을 신학의 바탕으로 삼는 목회에 관계된 신학을 일컫기도 한다.² 목회자는 성서와 전통과 이성과 경험을 통해 자신의 특징적인 성경 해석과 이론을 제시한다. 본서에서는 내가 목회 신학이라고 지칭한 것은 목회자들이 연구서나 학술 논문이 아니라 설교나 신앙 서적을 통해서 기독교 신앙에 대해서 말하는 것을 일컫는다.

저명한 목사들의 목회 신학은 일반 신자들에게 영향력이 크다. 또 교회의 성쇠가 이 목회 신학에 달려 있는 경우가 많다. 일반 신자들은 이 목회 신학적 가르침에 따라 성경을 해석하고, 교회에서 봉사하고, 사회에서 그 삶을 살아내려고 한다. 기독교 역사상 교회의 부흥은 이 목회 신학을 통해서 이루어져 왔다. 한국 교회에서도 그랬다. 그런데 모든 목회 신학이-때로는 그것이 교회 부흥을 가져온 것이라도- 신학적으로 건전한 것은 아니다.

그렇다면 한국 교회 목회자들의 목회 신학을 신학적으로 평가하는 것이 필요하다. 이러한 작업은 여러 신학자들에 의해서 계속해서 이루어져 왔다. 그동안 한국 대형 교회 목회자들의 설교나 목회 신학에 대해서 평가하는 논문들이나 연구서들이 적지 않게 출판되었다.[3] 하지만, 여기에 몇 가지 아쉬운 점이 있었다. 첫째, 목회자들에 대한 평가는 주로 그들의 설교 세계에 관한 것이었지, 그들의 핵심 목회 신학에 관한 것이 아니었다.[4] 둘째, 목회자들의 목회 신학에 대한 평가는 주로 부정적으로 흐르는 경우가 많았다. 특히 평가하는 신학자와 평가받는 목회자의 신학적 노선이 다른 경우에는 그러한 부정적 평가는 더 심했다.[5] 셋째, 각 목회자가 주창하는 핵심 목회 신학적 논제에 대한 평가가 많지 않았다. 특히 그러한 주제에 대한 성서 신학적 정당성에 대한 논의는 드물었다.

이에 나는 본서에서 다음과 같은 면을 중심으로 한국 목회자들의 목회 신학을 평가해 보려한다. 특정 목회자가 주창하는 핵심 목회 신학은 성서 신학적 근거가 있는가? 이것을 중점적으로 보는 이유 중 하나는 내가 신약 학자이기에 이 부분에 관해서는 전문성을 가지고 평가할 수 있기 때문이다. 또 이것이 없이는 특정 목회 신학의 정당성이 유지되기 어렵기 때문이다. 물론, 성시를 해석하는 나 자신도 어떤 신학적 입장을 가지고 있기 때문에 목회 신학을 평가하는데 있어서 완전히 객관적으로 할 수는 없다. 하지만, 최대한 객관적으로 각 목회자가 서 있는 신학적 자리에서 그 신학을 평가해 보려고 한다.

나는 이러한 작업을 오래 전부터 계획해 오면서 한국 교회 목회자의 목회 신학에 관한 논문을 써왔다. 본서는 그 첫 결과물이다. 우선, 본서에서는 소천했거나 은퇴로 이미 현직에서 물러난 사람들을 다룰 것이다. 현직 목사에 대한 평가는 차후의 연구 과제로 남긴다. 본서에서는 주로 성령론과 관계된 목회 신학을 평가할 것이다. 대천덕 신부의 두 가지 성령 충만(제 1장),[6] 박영선 목사의 '제 3의 길' 성령론(제 2장),[7] 하용조 목사의 "Acts 29"(제 3장) 등이 그것이다. 다음으로, 조용기 목사의 삼중축복론(제 4장)[8]과 이상근 목사의 요한 교회론(제 5장)[9]이 다루어질 것이다. 특히 하용조 목사의 사도행전적 목회론에 관해서는 본서를 쓰면서 처음으로 다룬 것이다.

나는 목회자의 목회 신학은 다음의 세 가지 요소로 형성된다고 본다. 첫째, 성서 해석(성경과 전통과 이성과 경험을 통하여)이다. 각 목회자의 목회 신학은 나름의 성서 주석에 기초하고 있다. 둘째, 상황이다. 목회자는 교회 내외의 상황에 따라 특정 구절이나 사상을 자신의 목회 신학의 핵심으로 삼은 것이다. 셋째, 성령이다. 이 모든 것을 종합해서 어떻게 성령이 목회자를 인도했는가에 따라 목회 신학이 결정된다.[10]

본서에서 나는 각 목회자의 목회 신학을 기본적으로 긍정적으로 다룰 것이다. 학문적인 평가에 있어서는 긍정적인 평가와 부정적인 평가를 조합하여 균형감 있게 다루는 것도 중요하다. 그런데, 지금 한국 교회 내외에서 교회에 대한 부정적 평가와 말들이 난무하는 상황에서, 나는 한국 교회에 긍정적인 목회 신학이 있다는 것을 보여주려고 하기 때문에 본서에서는 긍정적인 면에 치중하여 평가할 것이다.

여기에 제시된 목회자들의 목회 신학은 한국 교회의 유산이고,

자산이다. 한국 교회가 여러 면에서 개혁되어야 하겠지만, 우리의 유산을 다 버리면서 개혁해서는 안 된다. 하나님이 현실 교회와 그 지도자들을 통해서 지금도 역사한다고 볼 때, 그 하나님의 역사를 목회자들의 목회 신학을 통해서 엿볼 수 있는 것이다. 앞으로 이런 작업을 계속해서 한국 교회에 족적을 남긴 여러 목회자들의 목회 유산을 찾으려 한다. 본서에서는 위에서 말한 5명의 목회자들의 목회 유산 찾기에 집중할 것이다.

제1장
대천덕 신부의 두 가지 성령 충만

1. 들어가는 말

대천덕(R. A. Torrey, III) 신부(1918-2002)는 '진리의 삶을 산 진정한 과학자', '기도의 사람', '미래를 창조하는 사람', '우리 '민족의 큰 선생' 등으로 불린다.[1] 그에 대한 여러 호칭 중에서 '하나님 나라의 개척자'라는 말이 그의 생을 포괄적으로 가장 잘 표현한 말로 보인다.[2] 그의 인생은 하나님 나라의 개척자의 삶으로 대표될 수 있다.[3] 그는 남이 가지 않은 길을 걸어간 사람이다. 평안한 대지에서 폭풍우 치는 바다로, 선진국에서 개발도상 국가로, 대도시에서 산골짜기로, 명문 신앙 가족의 일원이라는 것을 알아보는 곳에서 그를 전혀 알아보지 못하는 곳으로, 대중적인 성령 운동의 장에서 성령으로 기도하는 골방으로 그는 내달렸다.

그런데 그가 산골짜기에서 했던 기도의 파장이, 그가 거기서 쓴 글의 파장이 서울과 전 세계의 인생들에게 전달되었다. 민주화 운동과 성령 운동, 지성과 영성, 교회 보수와 교회 개혁 사이에서 무엇을 취할까 어려움을 겪었던 사람들에게 그의 성경적 가르침은 하늘에서 내려온 해답 같았다.[4] 한국 교회에 끼친 그의 영향은 실로 지대했다.[5] 그런데 그가 어떤 후계자를 남기지 않아서인지, 그가 소천한 지 십수 년이 지났지만 그의 삶과 사상에 대해 소개하거나 평가하는 글은 의외로 많지 않다. 이에 논자는 신약 학자로서 그의 사상의 한 부분을 조명해 보고자 한다. 논자가 그동안 관심 있게 연구한 주제가 성령론이고 또 대천덕 신부가 생전에 중요하게 생각했던 주제 중 하나가 성령론이기 때문에 그의 성령론의 특징과 공헌과 의의를 밝혀내 보는 것은 분명 의미 있는 일이다. 부가하여, 그가 남긴 성령론이 한국의 목회자들의 성령 이해와 어떤 관계가 있는지를 밝혀내 볼 것이다.

2. 대천덕 성령론과 그 특징들

1) 대천덕 성령론?

순전히 학문적인 신학 서클에서는 '대천덕의 성령론'이라는 말은 낯선 것이다. 그는 책상에 앉아서 조직적으로 성령론에 관한 연구서를 쓴 사람이 아니기 때문이다. 그의 조부 토레이 목사는 성령론, 특히 성령 세례론에 대한 연구 서적을 남겼지만,[6] 대천덕 신부는 사실 학문적인 방식으로 성령론을 쓰지 않았다. 여러 다른 상황에서 서로 다른 청중에게 성령론에 관해서 강의한 것을 녹음해서 책으로 낸 것이 그의 성령론의 원 자료이다.[7]

하지만, 논자는 다음과 같은 점에서 '대천덕의 성령론'을 말할 수 있다고 생각한다. 첫째, 어떤 주제에 대해서 조직적인 책을 쓰지는 않았지만 설교집을 통해서 목회 신학을 말했던 존 웨슬리(John Wesley)의 성화론을 우리가 말할 수 있다면, 우리는 '대천덕의 성령론'도 말할 수 있을 것이다. 둘째, 그의 설교는 성령 체험에 대해서만 말한 것이 아니라 성령론에 관계된 구절들을 심도 있게 주석한 것이기에 그의 성령론을 학문적으로 논하는 것이 가능하다. 실제 그는 성서 원어 연구를 통해서 이전 학자들이 발견하지 못했던 새로운 성서 용례를 발견하고 이에 관한 새로운 주장을 펼치기도 했다. 셋째, 이미 김현진, 박찬호, 브래드 롱 등이 대천덕 성령론을 학문적으로 다루었고, 그것이 학문적 서클에서 논의된 바 있다는 것은 대천덕 성령론을 말하는 것이 가능하다는 것을 입증해 주는 것이다.[8]

2) 대천덕 성령론 개관

대천덕은 『산골짜기에서 외치는 소리』, 『나와 하나님』, 『우리와 하나님』 등 여러 저술에서 성령론적 주제를 다루었다.[9] 그러나 그는 성령론에 관한 어떤 체계를 설립하려고 하지 않았고, 이에 관해서 논한 다른 학자들과도 학문적 논쟁을 하려고 한 것은 아니었다. 그가 추구했던 것은 성경 저자들이 자신의 언어와 사상으로 이 부분에 대해서 무엇을 말했는지를 정확히 밝혀내어 그의 삶의 장이 었던 한국 교회와 세계 교회를 향해 그것을 힘차게 외치는 것이었다. 특히 대 신부는 신약 성서 본문을 주석할 때 원어의 미묘한 의미 차이와 용례에 주목했다. 특이한 점은 그의 가족은 장로교에 뿌리가 있었지만, 그는 어떤 장로교 신학에 입각한 교리적 잣대를 가지고 성서 본문을 읽으려 하지 않았다는 점이다. 그의 성서 본문 연구는 문자 그대로, 본래 쓰였던 상황에서, 저자가 독자에게 정해진 본문을 통해 무슨 말을 하려고 했는지를 밝혀내 보려는데 주안점을 두었다.[10]

대천덕 신부는 기독교 정통 교리에서 말하는 삼위일체론을 그대로 받아들여 성령을 삼위의 한 하나님이라는 것을 전제하여 말한다. 대 신부가 주로 관심 있게 말한 것은 성령의 역사에 관한 것이었다. 그는 20세기 교회가 내부에서 혈투를 벌였던 성령 세례 문제도 다루었고, 또 논란이 계속된 성령의 은사에 대해서도 깊이 있는 강해를 했을 뿐만 아니라, 성령의 열매와 성령으로 인한 중생과 성령의 인도를 받는 방법 등 신자의 삶에 피부에 와 닿은 문제에 대해서 강연했다.

성령론에 관해서 대천덕의 가장 큰 공헌은 성령 사역을 신자와 관계하여 내적 사역과 외적 사역으로 나눈 것과 성령의 가장 핵심적인 사역을 '코이노니아'(κοινωνία)로 본 것이다. 그의 성령 세례론은 그의 조부의 성령 세례론과 많이 다르지 않다.[11] 그의 성령으로 인한 중생론과 성령의 열매론도 다른 신학자들의 견해와 큰 차이를 보이지 않는다.

대천덕의 성령론의 백미는 성령의 사역을 한 종류로 보지 않고 두 종류로 본 것이다. 성령은 한 분이지만, 성령은 사람과 관계하여 두 가지 다른 종류의 사역을 한다는 것이다. 하나는 성령이 사람의 마음 밖에서, 즉 사람의 몸 위에 행하는 사역이다. 전치사가 발달해 있는 헬라어나 영어에서 보면 이것은 성령이 사람 '위에'(ἐπί, upon) 행하는 사역이다. 이것은 사람이 "위로부터 능력으로 [옷]입혀"지는 것이고(눅 24:49), 성령이 사람 몸 밖에서 역사하는 "성령으로 세례를 받"는 것이고(행 1:5), 성령이 신자 몸 위에 "임하시는 것이고"(행 1:8; 19:6), 성령이 사람 위에 내려오는 것이고(행 8:18), 성령이 부어지는 것이다(행 10:45). 이러한 일은 사실 구약 성서 시대에 행한 성령의 주 사역이었다.[12] 신약 시대에 달라진 점은 이러한 은사가 특정한 사람이 아니라 모든 사람에게 주어졌다는 것이다(행 2:17-18).

성령 사역의 또 다른 한 종류는 신약 성서 시대에 비로소 시작된 성령의 내적인 역사인데, 성령이 신자 '안에서'(ἐν, in) 역사하는 사역이다. 이 사역에 대한 약속은 예레미야 31:31-34과 에스겔 36:26-27에 근거하고 있다. 이 본문이 말하고 있는 바는 신약 시대에는 성령이 사람의 마음속에 들어와 역사할 것이라는 것이다. 이 역사에 따라 신자는 거듭나고(요 3:5), 그 마음속에서 생수가 강같이 넘쳐흐르는 것 같은 기쁨이 넘치고(요 7:37-39), 그리스도의 영이 그 사람 속에 거하고(롬 8:9; 약 4:5), 하나님과 신자가 상호 내주하며(요일 1:10; 2:4; 3:24), 하나님의 성품의 열매를 맺는다(갈 5:22-23).

대천덕 신부는 성령의 내적인 역사는 신자의 구원과 성화와 관계된 것으로, 외적인 역사는 능력을 받아 하나님의 일을 감당하는 것과 관계된 것으로 본다. 두 역사가 모두 성령의 역사인데, 두 사역이 모두 필요한 것으로 보았다. 이 중 한 가지만을 고집하는 것은 성령의 역사를 편협하게 이해하는 것이고, 또 양자를 구별하지 않고 합쳐서 이해하면 신약 성서에서 성령의 역사를 올바로 이해할 수 없다고 한다.

3) 특징 1: 성령 사역의 핵심을 '코이노니아'로 본 것

대천덕 신부는 현대 교회에서 행하는 축도의 원형인 고린도후서 13:13에 근거하여 성서에서 가장 중요한 단어는 (예수의) '은혜'와 (하나님의) '사랑'과 (성령의) '코이노니아'라고 말한다. 이 축도는 성경 전체에 걸쳐 있는 구속사를 보여준다. 신자의 구원과 영생을 위해 예수 그리스도의 사역은 은혜로, 하나님의 사역은 사랑으로, 성령의 사역은 교통으로 요약될 수 있다는 것이다. 그런데 현대 교회에서는 여기서 코이노니아를 빠뜨리고 믿음, 소망으로 그것을 대체하려 한다고 한다.[13] 교회에서 축도할 때 예수와 하나님의 역할을 각각 은혜와 사랑으로 말하면서 유독 성령의 사역에 대해서는 '감화' 혹은 '감동'으로 바꾸어 말하는 것도 이런 조류에 해당되는 것이라고 한다.

대천덕 신부는 '코이노니아'가 성령의 핵심 사역이면서 동시에 교회 생활의 핵심이 되어야 함을 역설한다. 그는 교회의 기초를 코이노니아로 보았다.[14] 그는 교회가 가르치는 모임(敎會)이 아니라 교제하는 모임(交會)이 되어야 함을 역설한다.[15] 초기 교회에서 교인들에게 성령이 임한 후 행한 행동도 한 마디로 하면 코이노니아였다. 이들이 행한 것은 영적 교제와 더불어 물질을 나누는 교제를 행한 것이었다(행 2:43-45). 이러한 교제는 수직적 측면(하나님과 신자의 교제)과 수평적 측면(신자들 간의 교제)을 모두 포함하고 있는 것이다(요일 1:1-4). 그래서 대 신부는 요한일서 1:1-4을 "교회 교리의 핵심 구절"이라고 말한다.[16]

대천덕 신부는 이렇게 성령론과 교회론에서 중요한 '코이노이아' 교리를 교회에서 잊어버린 것은 바로 이 코이노니아 안에 물질적 나눔이 포함되어 있는 것을 부자들이 싫어했기 때문이라고 한다. 진정한 코이노니아에는 영적인 것뿐만 아니라 물질적인 교제가 있어야 하는 것이다. 그는 코이노니아를 잃어버린 현대 교회를 향해서 사랑의 호소를 한다.

> 오늘날 교회들을 보면 하나님의 살아계심을 증거하는 권능이나 기적을 행할 수 있는 능력을 추구하면서도 코이노니아에 대한 관심에는 소홀히 하고 있음이 눈에 두드러지게 나타납니다.[17]

> 서로 예수를 믿는다고 말을 하면서 교파가 다른 것을 알면 냉담해지고… 이런 문제는 아주 많이 생깁니다. 우리 신자들이 올바른 사귐을 갖지 못하는 것은 하나님의 뜻이 아닙니다.[18]

교파가 생겨서 서로 사귀기를 거절하는 것은 주의 뜻이 아닙니다 (고전 3:1-3).[19]

이렇게 대 신부는 성령의 사역의 핵심을 코이노니아로 보았을 뿐만 아니라, 교회론에서도 이것을 핵심 개념으로 보았다. 사실 이것은 대 신부의 핵심 사상이기도 하다. 그가 외치는 토지 분배를 통한 경제 정의 문제도 사실상 물질적 코이노니아에 대한 것이고, 그가 외치는 성령의 역사로써의 코이노니아는 영적인 코이노니아이며, 북한과의 통일을 말할 때도 사회와의 코이노니아이다.[20]

4) 특징 2: 성령 충만을 '충만'과 '충분'으로 구분한 것

앞에서 말했듯이 대 신부는 성령의 역사를 사람의 마음을 기준으로 내적인 역사와 외적인 역사로 나누었다. 그는 현대 교회에서 성령론에 관해서 혼란이 일어난 것은 성령의 역사를 두 가지로 구분하지 못한데서 기인한 것이라고 말했다.[21] 그런데 그의 주상의 백미는 바로 '성령 충만한' 혹은 '성령 충만하다'라고 하는 것에도 이것이 구분되어 있다는 것이다. 신약 성서 헬라어 원어에는 '충만'과 연관된 단어가 어근을 중심으로 두 가지 나오는데 '플레르' 어근을 가진 단어(예, πλήρης)는 내적인 충만을, '플레' 어근을 가진 단어(예, ἐπλήσθησαν)는 외적 충만을 나타낸다는 것이다.[22] 대천덕 신부는 '플레르' 어근을 가진 단어는 보다 지속적인 충만을 나타낸다는 면에서 '성령 충분'으로, '플레' 어근을 가진 동사는 일시적인 충만

을 나타낸다는 면에서 '성령 충만'이라고 용어를 사용하자고 제안했다.[23]

이 주장은 신약 학자인 논자에게는 매우 흥미 있는 것이었다. 그래서 대 신부가 말한 대로 원어를 자세히 살펴본 결과 그의 주장이 원어적으로, 또 신학적으로 매우 설득력 있음을 알게 되었다. 그가 주장하는 '플레' 어근의 단어의 원형은 '핌플레미'(πίμπλημι)인데, 그것이 성령 충만과 연관되었을 때는 주로 수동태로 사용되어 그 수동형이 '에플레스데사'(ἐπλήσθησα)다. '플레르' 어근의 단어는 말 그대로 형용사 '플레레스'(πλήρης)와 동사 '플레로오'(πληρόω), 그리고 명사 '플레로마'(πλήρωμα)가 신약 성서에 나온다.

(1) '[성령] 충만하게 하다'(πίμπλημι)

'핌플레미'(πίμπλημι)라는 단어의 기본 뜻은 '채우다'(fill) 혹은 '충만히 채우다'(fill up)이다. 『신약 주석 사전』(EDNT)은 다음과 같이 이 단어의 쓰임새를 잘 정리해 준다. 첫째, 이 단어가 문자적 의미로 '어떤 공간이나 용기에 무엇이 가득하다'라는 의미로 쓰인 경우다(마 22:10; 27:48; 눅 5:7; 행 19:29). 둘째, 이 단어가 '성령으로 충만하다'라는 의미로 쓰인 경우다(눅 1:15, 41, 67; 행 2:4; 4:8, 31; 9:17; 13:9). 셋째, 이 단어가 '어떤 사람이 어떤 감정으로 가득하다'라는 의미로 쓰인 경우다(눅 4:28; 5:26; 6:11; 행 3:10; 5:17; 13:45). 넷째, 이 단어가 은유적으로 쓰여 '예언이 성취되다'(눅 21:22) 혹은 '어떤 시간이 차다'라는 의미로 사용된 경우다(눅 1:23, 57; 2:6, 21, 22).[24]

이 단어가 신약 성서에서 마태복음에 두 번 나오는 것을 제외하면 나머지 22번이 오직 누가복음과 사도행전에만 나타난다는 것을 우리는 주목할 필요가 있다. 특히 은유적으로 수동태로 쓰인 '성령으로 충만하다'라는 용례는 오직 누가복음과 사도행전에만 나온다. 곧 이러한 은유적 표현은 누가가 독특하게 쓴 것이다. 누가는 어떤 사람의 성령 체험을 '성령으로 충만하게 되었다'고 한 것이다.

그렇다면 누가복음과 사도행전에서 성령 충만한 사람은 구체적으로 어떤 일을 했나?

-눅 1:15, 세례 요한이 성령 충만하여 "이스라엘 자손을 주 곧 그들의 하나님께로 많이 돌아오게 하겠음이라."(16절)

-눅 1:41, 엘리사벳이 성령 충만하여 마리아를 축복하는 예언의 말을 했다(42-45절).

-눅 1:67, 사가랴가 성령 충만하여 예언의 말을 했다(68-79절).

-행 2:4, 예수의 제자들이 성령 충만하여 방언을 말했다.

-행 4:8, 베드로가 성령 충만하여 공회 앞에 서서 유대인들에게 설교했다(9-12절).

-행 9:17, 바울이 성령 충만하여 잠시 보지 못했던 눈이 치유되어 다시 보게 되었다(18절).

-행 13:9, 바울이 성령 충만하여 마술사 엘루마에게 심판을 선포했다(10-11절).

이 모든 용례를 통해서 볼 때 위 구절들에서 사람이 성령 충만을 받으면 어떤 사역을 감당하게 되는 것을 우리는 알 수 있다. 이렇게 성령의 역사로 어떤 하나님의 일을 감당하여 말을 하게 되는 것을 신구약 중간 시대 유대교 문서에서는 '예언의 영'의 역할이라고 보았다. 막스 터너(Max Turner)는 예언의 역할을 다음과 같이 잘 요약하고 있다.

> (1) 유대교의 저작들 가운데서 '예언의 영'은 가장 흔하게, 은사적(charismatic) 계시와 지도를 제공한다.
> (2) '예언의 영'은 은사적 지혜를 제공한다.
> (3) '예언의 영'은 때때로 엄습적으로 임하는, 감동된 예언적 설교를 제공한다.
> (4) '예언의 영'은 때때로(그러나 극히 드물게) 엄습적으로 감동된 은사적 찬양 혹은 예배를 제공한다.[25]

요약하면, '핌플레미' 동사로 사용된 성령 충만은 모두 구약 성서부터 내려온 성령의 외적인 역사에 해당되는 것이었다. 신구약 중간 시대 용어로는 '예언의 영'이 임해 계시와 지혜의 말과 설교와 찬양을 했듯이, 신약 시대 사람들에게 성령이 임해 예언, 설교, 방언, 찬양, 축복을 했던 것이다.

(2) '[성령] 충분한'(πλήρης) 혹은 '[성령] 충분하다'(πληρόω)

신약 성서에는 '플레르' 어근을 가진 동사가 나온다. 형용사 '플레레스'(πλήρης)의 기본 뜻은 '가득한'(full) 혹은 '가득 채워져 있는'(filled)이다. 『신약 주석 사전』(EDNT)에 따르면 이 단어는 신약 성서에서 다음과 같은 의미로 쓰인다. 첫째, 이 단어는 '공간에 무엇이 가득 차 있다'는 의미로 쓰인다(마 14:20; 막 4:28; 8:19). 둘째, 이것이 은유적으로 쓰여 '온전한'이라는 의미로 쓰이는 경우가 있다(요이 8). 셋째, 이것이 신학적 의미로 쓰이는 경우인데, 그런 경우는 요한복음에도 나오지만(1:14), 누가-행전에서 두드러지게 나타난다. 이 경우에도 부정적인 것과 결합하여 "거짓과 악독이 가득한"(행 13:10) 혹은 "분노가 가득한"(행 19:28)으로 쓰이기도 한다. 하지만 누가-행전에서 이 단어가 신학적으로 두드러지게 쓰이는 경우는 "성령으로"라는 어구와 같이 쓰이는 경우다(눅 4:1; 행 6:3, 5; 11:24). 곧 이 단어가 "[성령] 충만한"이라는 의미로 쓰이는 경우다.[26]

그 용례를 보면 다음과 같다.

- 눅 4:1, 예수께서 "성령의 충만함을 입어" 40일 동안 성령에 이끌려 마귀에게 시험을 받는다.
- 행 6:3, 열두 사도는 예루살렘 교회에서 일곱 일꾼을 뽑을 때의 인격에 대한 조건으로 "성령과 지혜가 충만한" 사람을 들었다.
- 행 6:5, 선출된 일곱 일꾼은 모두 "믿음과 성령이 충만한 사람"들

이었다.

-행 11:24, "바나바는 착한 사람이요 성령과 믿음이 충만한 사람" 이었다.

여기서 "충만한"(πλήρης)이라는 단어는 특정한 사람(들)의 인격에 대해서 묘사할 때 주로 쓰였다. 성령에 대해서 쓰인 경우가 아닌 경우에도 욥바에 있는 여 제자 다비다가 "선행과 구제하는 일이 심히 많더니"(행 9:36)에서인데, 선행과 구제가 지속되어 그 사람의 인격의 일부가 되었을 때 이 단어를 쓴 것이다. 앞에서 본 대로 '핌플레미'가 수동형으로 쓰일 때 충만해지면 갑작스럽게 어떤 말을 하거나 기적이 일어나는데 쓰인 것과 대조적이다.

'플레레스'의 동사형은 '플레로오'(πληρόω)이다. 이 단어는 형용사 '플레레스'의 사역형으로 '무엇에 채우다', '가득 채우다'의 뜻이다. 이 단어 역시 신약 성서 87번의 용례 중에서 누가복음에 9번, 사도행전에 16번 나올 정도로 다른 신약 성서보다도 누가 문헌에 많이 나온다. 신약 성서에서 이 단어는 문자적으로 쓰여 '어떤 공간에 무엇을 채우다'라는 의미에서부터(마 13:48; 행 2:2), '마음에 무엇을 채우다'(행 2:28; 5:3) 혹은 은유적으로 '성취되다'라는 의미로 쓰인다(막 1:15; 요 7:8; 행 1:16; 3:18; 7:30; 13:27).

그렇다면 우리가 본 연구에서 중요한 성령과 연관하여 이 단어는 어떤 의미로 쓰였나 살펴보면 다음과 같다.

-행 13:52, "제자들은 기쁨과 성령이 충만하니라."

-엡 5:18, "성령으로 충만함을 받으라."

이 단어의 형용사형과 마찬가지로 위 구절들에서도 이 단어는 어떤 사람의 사역에 대한 것이 아니라 어떤 사람의 인격에 대한 묘사로 쓰였다. 여기서 성령으로 충만한 것은 인격과 관계된 것이요, 지속적인 것이다.

이상을 통해서 우리는 다음과 같은 결론에 이를 수 있다. 첫째, '핌플레미'와 '플레로오'는 둘 다 문자적으로 또 은유적으로 '무엇에 가득 채우다'라는 의미의 단어다. 둘째, 일반 용법에서 그 단어의 의미를 구별하기는 쉽지 않다. 다만, 전반적으로 전자는 일시적인 것에 후자는 보다 지속적인 것에 쓰였다고 할 수 있다.[27] 셋째, 그 용례가 두드러지게 구별되는 것은 누가 문헌에서이다. 누가 문헌에서는 전자는 신구약 중간 시대에 나오는 '예언의 영'의 사역에 관계되어 쓰였다. 다시 말해, 이것은 사역과 관계된 것이다. 후자는 인격의 상태와 관계해서 쓰였다.

현대 신약학의 언어 연구와 신학 연구를 통해 우리는 누가가 이 단어의 용례를 구별해서 씀으로써 성령의 역사이지만 사역에 관계된 것과 인격에 관계된 것을 구별하려 했음을 알 수 있다. 그렇다면, 대천덕 신부가 '핌플레미'를 성령의 외적인 역사와 관계된 것이고, '플레레스'와 '플레로오'를 성령의 내적인 역사와 관계된 것이라고 본 것은 놀라운 통찰이다.[28]

3. 대천덕 성령론의 공헌과 영향

1) 공헌

(1) 현대 신학에서 성령 사역의 핵심 논쟁

대천덕 신부 성령론의 특징은 성령의 핵심 사역을 '코이노니아'로 본 데 있다. 케르케이넨(Veli-Matti Kärkkäinen)은 『성령론』이라는 책에서 현대 주요 조직 신학자들의 성령론의 특징을 다음과 같이 분류한다: 그리스 정교회 학자 지지울라스(John Zizioulas)의 '친교 성령론', 로마 가톨릭 신학자 칼 라너(Kahl Rahner)의 '초월 성령론', 루터교 학자 판넨베르그(Wolfhard Pannenberg)의 '보편 성령론', 개혁주의 신학자 몰트만(R. Moltmann)의 '포괄 성령론', 벨커(Michael Welker)의 '실제적 성령론', 그리고 오순절주의 신학자 피녹(Clark Pinnock)의 '조직적 성령론'.[29] 만약 이 중에서 대천덕 신부의 성령론과 가장 유사한 것을 찾는다면 지지울라스의 '친교 성령론'일 것이다.

지지울라스는 삼위일체의 존재 양식의 핵심이 '코이노니아'이고, 교회의 존재 양식도 삼위 하나님 상호 간의 관계와 같아야 한다고 보았다. 그는 교회는 그리스도에 의해 설립되고(instituted by Christ), 성령에 의해 구성된다(constituted by the Spirit)고 보았다.[30] 교회를 그리스도에 의해서 설립된 것만을 강조하면 교회가 몸인 그리스도 중심으로 너무 쉽게 상명하복 구조로 가게 되는데, 성령에 의해 구성된다고 보면 성령의 은사를 받은 각 지체가 상호 평등한 관계로 협조하는 개념이 들어가 이런 오류에 빠지지 않을 수 있다고 한다.[31] 미로슬라브 볼프(M. Volf)도 『삼위일체와 교회』라는 연구서에서 성서에서 삼위일체의 존재 양식은 '코이노니아'이고, 교회도 그 모델을 따라 존재해야 한다고 매우 설득력 있게 주장한 바 있다.[32]

대천덕 신부도 삼위일체와 교회에 대해서 지지울라스와 볼프와 입장을 같이 한다. 대천덕 신부가 한 발짝 더 나간 것은, 이들은 주로 삼위 하나님의 관계 양식이 '코이노니아'라는 것에 초점을 맞추었다면, 대 신부는 이것에 동의하면서 나아가 성령 하나님의 가장 중요한 사역이 바로 '코이노니아'라고 주장한 것이다. 삼위 하나님 인격체 간의 존재 양식인 '일치' 혹은 '코이노니아'(요 17:11, 20-23)와 그것을 모델로 한 개별 신자와 하나님의 '코이노니아', 또 신자 간의 '코이노니아'(요일 1:1-4)를 존재하게 하는 이가 바로 성령이라는 것이다(고후 13:13). 나아가, 이러한 신자의 '코이노니아'를 통해 불신자를 감동시켜 그들이 하나님의 존재를 인정하게 하고(요 17:23), 또 나눔 실천을 통한 코이노니아를 실천한(행 4:32-35) 것은 바로 성령 충만을 받은 결과라는 것이다.

칼빈은 성령 사역의 핵심을 말씀을 조명하는 역할이라고 본 반면, 오순절/은사주의는 성령이 신자에게 능력을 주어 증인의 일을 감당하게 하는 것을 강조했다. 하지만, 그동안 칼빈주의자들과 오순절주의자들은 이 모든 것을 다 아우르는 성령의 사역이 코이노니아에 있었음을 제대로 주목하지 못했다. 성령의 핵심 사역이 코이노니아라면, 성령론을 비롯한 여러 신학 요목에서 의견을 달리할지라도 서로 예수의 제자라는 것으로 코이노니아를 할 수 있어야 할 것이다. 이 점을 우리에게 잘 일깨워 주신 분이 바로 대천덕 신부이고, 이러한 신학은 현대 신학자들인 지지울라스와 볼프에 의해서 지지를 받는 것이다.

(2) 현대 신약학에서 누가의 성령론의 본질 논쟁

대천덕 신부가 신약 성서에 나오는 성령 충만에 대한 단어 연구를 통하여 우리에게 새롭게 일깨워 준 것은 누가가 '성령 충만'과 연관된 단어를 사용할 때, 성령의 내적인 역사와 외적인 역사에 다른 어근의 동사를 사용해서 그것을 구분하려 했다는 것이다. 그러면 이러한 주장은 현대 신약학의 지지를 받을 수 있는가? 논자는 충분히 그렇다고 본다.

사실, 누가-행전에 나타난 성령 사역의 본질이 성령의 외적인 역사에만 한정된 것인지, 아니면 내적인 역사까지 포함되고 있는 것인지에 대해서 20세기 후반 열띤 학문적 토론이 벌어져왔다.[33] 멘지스는 구약과 유대교에서 모두 성령 사역이라고 할 수 있는 '예언의 영'의 본질은 어떤 사람의 구원에 관계된 것이라기보다는 그 사람이 하나님의 일을 감당하는 증인의 역할에 한정된 것이었고, 누가는 바로 이 전통을 이어받고 있다고 한다.[34] 반면, 던(James D. G. Dunn)은 사도행전에 나타난 오순절 사건(행 2:1-13)은 바로 어떤 사람이 구원받는 것과 연관된 것으로 보아, 누가 성령론에 구원론적인 것이 포함되어 있다고 주장한다.[35] 이에 대해서 터너(Max Turner)는 이 두 사람의 중간 입장으로, 누가의 성령론이 유대교의 '예언의 영'에 기원한 것과 그 역할이 주로 사역에 관계된 것이었다고 주장하는 멘지스의 말이 맞지만, '예언의 영'에 구원론적인 영역이 전혀 없었다고 주장하는 말은 맞지 않는다고 한다. 누가는 '예언의 영'에서 성령의 역할을 이어 받고 있지만, 또한 그것을 뛰어 넘어 구원론적이고, 윤리적인 역할도 기록하고 있다고 한다.[36]

대천덕 신부의 기여는 바로 누가의 성령론이 사역적인 측면과 구원론적 측면을 다 포함하고 있다는 것을 구체적으로 보여준 데 있다. 최근 이성찬은 사도행전에서 회개가 성령의 중요한 역할이라는 것을 밝혀내어 누가의 성령론이 단순히 사역적인 것만을 포함하는 것이 아니라는 것을 주장한 바 있다.[37] 그런데, 사도행전에서 성령의 사역과 연관하여 가장 중요한 표현인 '성령 충만'이라는 용어가, 성령의 내적인 사역(구원과 성화)과 외적인 사역(증언과 표적)을 표현하는데 있어 각각 다른 단어를 사용했다는 것은 그동안 논자가 아는 한 어떤 신약 학자도 주목하지 못했던 것이다. 대 신부는 충만을 나타내는 두 어근의 단어가 각각 누가-행전에서 성령의 내적 사역과 외적 사역을 나타내는데 구별되게 사용되었다는 것을 보여주었다. 물론, 지금까지 밝혀진 바로는 두 단어 자체가 근본적으로 다른 의미를 가진 것은 아니다. 누가가 성령의 내적인 역사와 외적인 역사를 구별하기 위해 다른 용례를 사용했다는 것이다.[38]

이러한 대천덕 신부의 발견이 맞다면, 우리는 성령 충만이 인격의 열매와 관계된 것인지, 아니면 능력 체험에 관계된 것인지에 대한 오랜 싸움을 그칠 수 있을 것이다. 누가는 이 두 가지를 구별해서 보여주고 있기 때문이다. 그동안 학자들과 목회자들은 자신의 입장과 기호에 따라 성령 충만이라는 용어를 이 중 하나만을 묘사하는 것으로 흔히 사용했다. 그런데 누가는 성령의 역사에 이 두 가지가 있으며, 누가는 각각을 구별된 단어로 묘사하고 있다고 본 것은 놀라운 발견이다.

2) 영향

그렇다면 코이노니아를 성령의 핵심 사역이라고 보며, 성령의 역사를 내적인 역사와 외적인 역사로 나누어 본 대천덕 신부의 성령론은 신학자들과 목회자들과 평신도들에게 어떤 영향을 끼쳤는가? 대천덕 신부의 삶과 사상이 한국 교계와 사회에 미친 영향은 지대하여, 그것에 관해서 연구하려면 또 하나의 독립적 연구가 필요한 상황이다.[39] 그 영향을 성령론에 한정하여 다룬다고 해도 많은 지면이 필요할 것이다. 그것에 대한 자세한 연구는 별도의 과제로 남기면서, 본고에서 이것을 약술하려고 한다.

(1) 신학자들

대천덕 신부의 성령론에 가장 큰 영향을 받고, 그것을 가장 잘 정리한 학자 한 사람을 꼽으라고 하면, 그는 단연코 김현진일 것이다. 그는 예수원에 한 가족으로 살면서 대천덕 신부의 신학과 예수원의 철학을 체득했던 사람으로, 대 신부의 코이노니아 성령론을 연구하여 그의 박사 학위 논문의 뼈대를 삼았을 정도다. 그는 교회론을 통해서 대천덕 신부의 코이노니아 신학을 정리하고 올바로 평가했다.[40] 논자 자신도 대천덕 신부의 성령론의 영향을 받은 사람이다. 논자는 대천덕 신부 성령론 자체를 그대로 소개하는 일은 하지 않았지만, 성령론의 전반적인 뼈대와 그의 성령의 은사에 대한 이해를 받아들여 신약학적으로 방언과 예언을 비롯한 성령의 은사에 대해서 여러 저술과 논문을 냈다.[41]

(2) 목회자들

대천덕 신부의 성령론이 목회자들과 선교사들을 포함한 사역자들에게 끼친 영향은 직접적인 영향 외에도 간접적인 것도 지대할 것이다. 여기서도 대천덕 신부의 가장 직접적인 영향을 받고 활동히는 이는 브래드 롱(Zeb Brad Long)이다. 그는 대천덕 신부의 성령론을 거의 그대로 받아들여 목회자와 평신도들에게 성령 신학을 배우고 체험하는 PRMI(Presbyterian Reformed Renewal Ministries International)라는 기관을 운영하고 있다. 이 기관을 통해 현재 장로교 목사를 비롯한 많은 목회자들이 성령 체험을 하고 있다. 물론, 대천덕 신부의 사역을 이어 받아 주로 교육과 북한 선교에 힘쓰고 있는 그의 아들 벤 토레이 신부도 대천덕의 코이노니아 성령론의 철학에 따라 그 사역을 하고 있다. 예수원에서 훈련을 받고 세계에 나가 활동하고 있는 이로는 권요셉 선교사를 들 수 있다.

그 외 목회자로 대천덕 신부의 성령론에서 많은 것을 배웠다고 스스로 말하거나 그런 내용을 말하는 이로는 한국두나미스 프로젝트 공동 대표 안용운 목사, 백주년 기념교회 이재철 목사 등을 들 수 있다. 의외로 장로교 신학 전통에 있으면서 대천덕 신부의 성령론을 받아들인 목사들이 많다. 대표적인 사람으로 박영선 목사를 들 수 있다. 박영선은『성령론』이라는 책에서 성령의 역사를 내적인 역사와 외적인 역사로 구분하면서 양자가 모두 필요함을 역설하고 있다. 심지어 그는 자신의 교파의 전통과는 달리 구원받는 것과 성령 체험을 구별한다. 그는 중생과 성령 세례라는 전통적인 용어 사용은 지양하지만 "성령이 주는 성령 세례"와 "예수가 주는 성령 세례"로 이를 구별하고 있다. 성령이 주는 성령 세례는 성령의 내적인 역사이고(고전 12:12-13), 예수가 주는 성령 세례는 성령의 외적 역사라고 한다(행 1:4-5).[42] 대천덕 신부와 세례라는 용어는 다르게 사용하지만 성령 사역을 내적인 것과, 외적인 것을 구분하는 것, 또 이 모두가 다 필요하다는 그의 주장은 대천덕 신부로부터 배운 것으로 보인다.[43]

대천덕 신부는 조용기 목사가 성령 운동을 하면서 외부로부터 오해를 받았을 때 그를 적극적으로 변호해 주었고, 조 목사는 대신부가 신앙계에 '산골짜기에서 온 편지'라는 칼럼을 오랫동안 연재할 수 있게 해 주었다. 두 사람이 인간적으로 상호 신뢰 관계에 있었고 한국 땅에서 동시대에 성령 운동을 했기에 어떤 교류나 영향이 있었을 수 있다.

대천덕과 조용기에게 있어 성령 이해의 공통점은 두 사람 모두 성령의 사역의 핵심을 '코이노니아'로 본 것이다.[44] 한국에서 동시대에 활동한 성령 운동가들로서 성령론의 핵심을 이것으로 본 것은 이 두 사람 외에 없을 것이다.[45] 그런데 성령론에 관해서 서로의 책을 읽어 어떤 점에서 직접적인 영향을 받았다는 직접적인 증거는 없다. 대천덕 신부는 성경을 읽다가 이 점을 깨달았고, 조용기 목사는 개인 체험과 그것에 연이은 성경 구절(고후 13:13)에서 이것을 발견했다고 한다.[46]

또 한 가지 대천덕과 조용기의 성령 사역 이해에 있어서 공통점은 두 사람 모두 성령의 열매(성화)와 성령의 은사(선교 사역)을 균형 있게 주장한다는 것이다. 앞에서 본대로 대천덕은 누가-행전의 성령 충만에 대한 원어의 용례에서 이 두 가지가 구별되게 각각의 역할이 있다고 주장했다. 조 목사는 원어의 용례에는 주목하지 않았지만, 성령의 역사에 있어서 증인의 역할을 감당하는 것과 성화의 역할을 감당하는 것이 다 의미 있는 것이고, 또 그것을 균형 있게 강조해야 한다고 주장한다.[47]

대천덕의 성령론과 조용기의 성령론의 가장 큰 차이점은 두 사람이 성령의 역사의 핵심이라고 본 '코이노니아'에 대한 이해에서 일 것이다. 영산은 이것이 신자 개인과 성령과의 개인적인 친밀한 교제를 지칭하는 것으로 한정해서 본 반면, 대천덕은 이것이 수직적 교제는 물론 수평적 교제를 의미한다고 보았고, 영적인 것뿐만 아니라 물질의 나눔까지도 포괄한다고 본 것이다. 이러한 차이는 고린도전서 13:13에서 "성령의 교제"(ἡ κοινωνία τοῦ ἁγίου πνεύματος)를 "성령과의 교제"로 본 영산의 입장과 "성령의 역할로서의 교제"로 본 대천덕의 입장에서 갈린 것 같다.[48]

대천덕 신부와 조용기 목사는 서로의 주장에 영향을 받지 않은 상태에서 각각의 성령론을 펼쳤다. 그럼에도 불구하고 두 사람의 성령론은 핵심에서 일치한다. 이러한 일이 어떻게 일어났을까? 우선, 대천덕 신부가 그의 조부로부터 배운 성령 세례론은 19세기 미국의 부흥 운동의 결과로 나온 것인데, 조용기 목사가 영향을 받은 오순절 신학의 성령론도 거기에 뿌리를 두고 있다. 또 두 사람은 정해진 틀을 가지고 성경을 보려하지 않았고, 자신의 실존적 삶의 현장에서 성경 자체를 문자 그대로 해석하려고 했다. 이러한 성경 읽기 방식의 공통점에서 성령에 대한 이해의 공통점이 나온 것 같다.

4. 나가는 말

본 장에서 논자는 대천덕 신부의 성령론의 특징과 공헌을 찾아보려 했다. 그 특징은 한 마디로 코이노니아를 성령 사역의 중심에 놓은 것이며, 공헌은 성령 충만이라는 용어를 누가-행전에 나타난 단어 용법에 따라 '성령 충분'과 '성령 충만'으로 나눈 것이다. 대 신부는 이것을 학문적 방식으로 주장한 것은 아니었지만, 이러한 주장은 현대 조직 신학과 신약학에서 학문적으로 충분히 인정받을 수 있는 것이라는 점을 논자는 보여주려 했다.

대천덕 성령론의 더 큰 공헌의 영역은 신학 학문 분야보다 목회와 선교 사역 현장이다. 정치적으로 좌파와 우파가 항상 대립하듯이, 성령론에 관해서 개혁주의와 오순절주의 성령론 사이에 오랜 대립이 있는 상황에서 대천덕 신부의 코이노니아 성령론, 성령의 사역에서 성령 충만과 성령 충분을 구분하는 것은 성령론과 관계해서 서로 다른 입장을 가진 사람들이 진정으로 코이노니아를 이룰 수 있는 토대를 제공해 준 것이다. 일예로 최근에 성령론관 관계해서 대립하던 총회에서 화해의 코이노니아를 제안한 박영선의 성령론은 대천덕 신부의 영향을 받은 것이다. 이렇게 성령의 사역을 통해 화해와 진정한 크리스천의 교제를 나누는 것, 그것이 대천덕 신부가 꿈꾸었던 성서적 교회의 모습이다.

제 2장
박영선 목사의 '제 3의 길' 성령론

1. 들어가는 말

어떤 사람과 친해지기 싫으면 첫 대면 시 정치 이야기나 종교 이야기를 하면 된다는 말이 있다. 정치나 종교에 대해서는 각 사람마다 각자의 신념이 확고히 있어서 자신과 다른 정파나 종교를 지지하는 사람의 말이 거슬릴 뿐 아니라, 자신과 다른 입장의 말에 쉽게 상처를 주고받게 되는 것이다. 어느 정당을 지지하는지를 말하다보면, 부모자식 간에도 흔히 언쟁이 생긴다. 종교에 대해서 말할 때도 마찬가지다.

기독교인들이 만날 때 서로 친해지기 싫으면 성령에 대해서 말하면 된다는 말이 있다. 복음주의 권 기독교인들에게 있어 신론이나 기독론 혹은 교회론 등에 대한 이해에는 큰 차이를 보이지 않지만 성령에 대한 이해에 있어서는 교파별, 개인별 이해차가 크다. 특히 성령의 사역에 대해서 말하다보면, 성령으로 인한 내적 변화를 중요시 하는 사람들과 성령의 외적 역사인 성령의 은사를 말하는 사람들 사이에 긴장이 생기는 것이 다반사다. 그래서 논자도 처음 만난 동료 기독교인들과는 성령에 대해서, 특히 성령의 은사에 대해서는 논하지 않는 편이다.

그런데 본 장에서 논자는 박영선 목사의 성령에 대한 이해를 다루려고 한다. 그럼에도 불구하고 논자는 그가 말하는 성령론에 관해서 그와 대화를 해보려 한다. 이 주제가 논자의 관심 연구 영역이고, 또 공전의 히트를 친 구원론에 관한 그의 책『하나님의 열심』에처럼 그의 성령론도 한국 교회에 공언할 바가 있다고 보기 때문이다.

논자는 본 장에서 성령론의 최대 쟁점인 성령 세례론과 성령의 은사론을 다룰 것이다. 박영선 목사는 『성령론』이라는 책에서 성령 세례를, 『고린도 교회와 은사』라는 강해 설교집에서는 성령의 은사론을 집중적으로 다루었다. 그래서 논자는 이 두 책을 차례로 분석하면서 박 목사와 성령론에 관해서 대화를 시도할 것이다.

2. 박영선의 『성령론』

1) 책을 쓴 정황

성서 학자들이 성서 본문을 주석하고 해석할 때 언제나 중요하게 다루는 문제는 본문의 내용과 아울러 본문이 쓰인 본문 내외적인 정황이다. 같은 내용이라도 어떤 문맥이나 어떤 역사적 정황에서 말했느냐에 따라 그 의미가 달라질 수 있는 것이다.[1] 이러한 원칙은 성서 이외의 문헌을 해석할 때도 똑같이 적용되어야 하는 것이다. 박영선의 『성령론』도 역사적 정황에서 읽어야 그가 왜 이런 문제를 말하고 있고, 또 무엇을 말하려고 했는지를 바로 이해할 수 있게 된다.

박영선의 『성령론』 초판이 나온 것은 1986년이다. 1980년 대 초중반에는 오순절/은사주의 성령 운동과 이른바 제자 훈련 운동 사이에 성령론 문제를 두고 양측이 첨예하게 대립했던 때다. 1983년 장로교 통합 측에서는 방언의 은사와 '제 2의 축복'으로서의 성령 세례를 주장하는 기독교대한하나님의성회(소위 순복음교회) 소속 조용기 목사의 신학에 사이비성이 있다고 총회에서 결의한 바 있는데, 오성춘에 따르면 이때 그 총회가 조 목사의 신학을 문제 삼은 것은 그가 성령 세례의 증거로 제시하는 방언 때문이었다.[2]

또 이때는 강남의 개혁주의 성향의 복음주의 교회들은 순복음교회의 성령 운동에 맞서 제자 훈련 운동을 전개하면서 순복음의 성령 운동을 맹렬히 비판하던 시기이기도 했다. 이때 강남의 신흥 교회들이 모여 신학적으로 이슈가 되는 주요 문제를 다루는 연례 세미나를 열었다. 세미나를 한 후 1985년에 옥한흠 목사에 의해서 편집되어 출판된 『현대 교회와 성령 운동』에서 장로교 목사들인 손봉호, 이종윤, 박윤선, 김명혁, 홍정길, 옥한흠은 각각 약간은 서로 다른 입장이기는 했지만, 성령 운동에 대해서 상당히 비판적인 입장을 보이고 있다.[3] 특히 옥한흠 목사는 '성령과 방언'을 다루면서 방언하는 사람들이 잘못된 신앙의 길을 가고 있는 경우가 많다고 그들을 세차게 몰아붙였다.

> 많은 교인들이 방언 체험으로 인해 영적으로 저질화되었다. 성경을 사랑하기보다는 이상한 말에 귀를 기울이는가 하면 복음의 진리를 말하는 사람을 알아 보지 못하는 소경이 되어버렸다. 이럴 경우 은혜를 받겠다고 발버둥치는 그 자체가 일종의 타락이라고 본다. …
> 고린도 교회는 수준이 낮은 교회였기 때문에 그런 혼란이 일어난 것이다. 빌립보 교회와 같이 수준 높은 교회에서는 그런 현상이 일어나지 않았다. 방언 받은 사람이 신앙 좋은 사람이라고 착각해서는 안 된다.[4]

물론, 옥한흠 목사가 방언의 은사를 부정한 것은 아니었다. 그는 바울을 따라 자신도 방언에 대해서는 '소극적 인정론자'라고 하였다. 그럼에도 불구하고, 성령 운동 편에 있는 사람들에 대해서 그의 비판은 매우 신랄했고 여기에서 이 문제에 대해서 양자의 대화나 화해보다는 자신의 입장이 무엇인지 개진하는 면이 더 강했다.

박영선의 『성령론』도 이 시기에 이런 정황에서 저술된 것이다. 사실, 박영선 목사도 강남의 개혁주의적 복음주의자들과 많은 점에서 외적으로 닮았다. 다른 이들과 마찬가지로 그도 장로교 목사였고, 고도의 지성을 가진 사람이었고, 미국에 신학 공부를 위해 유학을 다녀온 사람이었다. 이와 대조적으로 박영선 목사는 기본적으로는 개혁주의적 복음주의 노선에 서 있으면서도, 성령 운동을 배척하거나 무시하기보다는 그 운동의 좋은 점을 끌어안고 기독교인 한 형제인 성령 운동가들과 적극적으로 대화하려고 했다.

박영선 목사는 장로교의 말씀 운동에 기반에 서서, 체험을 통해 배울 수 있는 점이 있다는 것을 긍정했다. 그는 "체험 위주의 성령 운동과 교리 위주의 일종의 지성주의"에 "이 둘 중 어느 쪽도 혼자로서는 불완전하다"고 보고, 체험위주의 사람들은 올바른 교리를 받아들이고, 체험이 없는 사람은 체험을 무시하지 말라고 권고했다.[5] 그는 체험위주의 신앙을 "광신주의적 오류"라고 하고, 교리위주의 신앙을 "이성주의적 오류"라고 지적했다. 그는 장로 교인으로서 전자의 오류를 주로 지적했을 것 같지만, 양자의 오류를 다 지적하면서도 "요즘 신자들의 분위기를 보면 후자 쪽으로 점점 쏠리고" 있다고 하면서 자신이 속해 있는 공동체를 더 혹독하게 비판하고 있다.[6]

특히 주목할 점은 박영선 목사가 성령의 은사가 중지되었다고 주장하는 미국 남 침례교 계통인 리버티 대학(Liberty University)에서 수학한 사람이라는 데 있다. 현재도 미국 침례교는 은사중지론을 신봉할 뿐만 아니라, 은사가 지속된다고 믿는 학자들은 특정 신학교에서 일할 수 없을 정도다. 최근에 저명한 목회자인 존 맥아더도 성령 운동을 '다른 불'로 보면서 맹렬히 비난한 것에서 그 경향을 알 수 있다.[7] 그런데 박 목사는 성령론에 있어서 대결보다는 화해의 신학을 추구했다. 그는 어느 한 교파의 교리나 교회 전통에 함몰되지 않고 성서가 말하는 성령의 사역을 폭 넓게 인정하는 사람이다.

2) 책의 핵심 내용

20세기에 오순절파와 비오순절파의 최대 논쟁 주제는 성령 세례론이었다. 개혁주의자들은 전통적으로 중생이 곧 성령 세례라고 믿었다. 웨슬레는 이 둘을 분리했고 중생을 제 1의 축복이라고 전제하고 성령 세례를 '제 2의 축복'(the second blessing)이라고 보고 그 본질을 성화라고 했다. 반면, 오순절주의자들은 웨슬레를 이어받아 중생과 성령 세례가 구별되며, 성령 세례는 성화와 관계된 것이라기보다는 신자가 증인의 역할을 하기 위해 받는 능력이라고 보았다. 이 문제에 관해서는 오순절파와 비오순절파가 지난 백년 동안 피가 철철 나도록 싸웠다. 쟁점은 사도행전에서 누가가 말하는 성령 세례가 어떤 성격이었느냐 하는 것이었다. 양측 모두 사도행전에 나오는 구절을 주석해서 자신의 입장을 방어하려 했다. 하지만, 자신의 입장과 다른 사람을 설득하지는 못했다. 최선의 방책은 자신이 성서를 해석하는 입장을 견지하면서도 상대방을 있는 그대로 인정하는 것이었다.

일단, 중생과 성령 세례 논쟁에서는 모두를 만족시키는 해석은 없어 보인다. 중간 지대의 해석은 없는 것이다. 그런데 박영선 목사는 이 문제에 있어서 용어의 패러다임을 전환시킴으로써 새로운 이해를 제공한다. 중생과 성령 세례라는 말 대신에 "성령이 주시는 세례로써의 성령 세례"와 "예수님이 주시는 세례로써의 성령 세례"라는 참신한 용어를 쓴 것이다. 성령 세례라는 성서 용어를 사용하여 신약 성서에 나타난 두 가지 성령 세례를 구별하고 있다.

그에 의하면 전자는 성령이 신자에게 주는 내적 세례이고, 후자는 예수가 신자에게 주는 외적 세례다.

박 목사가 제시하는 성령이 베푸는 세례로써의 성령 세례의 근거 구절은 고린도전서 12:12-13이다. 본문에서 바울은 "우리가 유대인이나 헬라인이나 종이나 자유인이나 다 한 성령으로 세례를 받아 한 몸이 되었고 또 다 한 성령을 마시게 하셨느니라."(13절)라고 말한다. 그에 따르면 이것은 구원받은 신자를 "성령께서 그리스도의 몸으로 덧붙이시는" 것이다.[8] 즉 이 세례는 어떤 사람이 기독교인이 되는 것에 관한 것이다. 박 목사는 여기에 사용된 헬라어 "마시다"라는 동사의 시제가 부정과거형이라는 것을 주목한다(ἐποτίσθημεν). 부정과거형은 일회적으로 완성된 사역을 말한다는 것이다. 첨가해서 말하자면, 여기서 "세례를 받다"라는 동사도 부정과거형으로 사용되었다(ἐβαπτίσθημεν). 이것은 신자가 일회적으로 구원받아 교회의 일원이 되는 것을 말한다는 것이다. 이런 의미에서 바울은 로마서 8:9에서 "누구든지 그리스도의 영이 없으면 그리스도의 사람이 아니라"고 말하고 있다고 한다.

반면, 예수가 주는 세례로써의 성령 세례는 예수의 제자가 되어 깨끗함을 받아 구원을 받았음에도 불구하고(요 15:3), 제자들이 오순절 이전에 아직 경험하지 못했던(요 7:37-39) 그 세례를 가리킨다. 이 세례는 요엘서 2:28-30에 약속된 바로 그 세례다. 이 세례는 "구원얻는 것과는 다른 그 이상의 선물이고 그 이상의 경험"이다.[9] 또 이 세례는 내적으로 자신도 모르게 받는 세례가 아니라 "외적으로 분명히 알 수 있"는 것이다.[10] 물론, 그는 그 나타나는 증거를 방언으로 한정하면 안 된다고 한다.[11] 이 세례를 받으면 하나님의 자녀가 달라진다고 한다. 그는 복음서에 나오는 베드로가 비록 예수의 제자였고, 하나님의 자녀였지만 예수를 부인했던 연약한 자였다면(마 26:31-35), 사도행전에 나오는 베드로는 전혀 다른 사람이 되었다는 것을 주목한다(행 5:41). 그 변화의 동인은 바로 예수가 주는 성령 세례였다고 한다.

> …사도들은 전혀 다른 사람이 되어 있는 것입니다. 사실 내용에 있어서는 달라진 것이 없습니다. 말씀으로 깨끗케 되며 하나님의 자녀가 된 것에는 차이가 없습니다. 그러나 하나님의 말씀을 지킬 능력이 있느냐, 없느냐에 있어서는 전혀 다른 사람이 된 것입니다.
> 이전에는 제자들도 하나님의 자녀들이었고 성령님이 내주하시는 자들이었습니다. 그러나 지금 제자들은 여전히 하나님의 자녀들이지만 하나님의 말씀을 지킬 수 있는 능력 있는 주의 자녀들이 된 것입니다. 이렇게 될 수 있는 것이 바로 예수님이 주시는 '성령 세례(성령의 부어주심)를 받았기 때문입니다.[12]

박영선 목사는 성령의 부어주심은 바로 예수가 주는 성령 세례에 대한 다른 말이라고 한다. 그는 요한복음 20:22에 나오는 "성령을 받으라"는 것은 내적 세례 즉 성령이 주는 성령 세례를 가리키는 반면, 사도행전 1:4-5에 나오는 성령 세례는 외적 세례 즉 예수가 주는 성령 세례를 가리킨다고 한다. 반면, 성령 충만은 성화에 관계된 것이라고 한다.[13] 그런데 성령 세례와 성령 충만은 구별되지만 상호 무관한 것은 아니라고 한다. "성령 세례를 받으면 성화에 대한 큰 자극과 촉진이 되기도" 한다는 것이다.[14] 사실, "더 높은 성화의 단계를 위하여 성령 세례(부어주심)가 필요"하다는 것이다.[15] 그는 그동안 성령 운동의 부작용 때문에 많은 (개혁주의파의) 교회들이 위에서 말한 예수가 주는 성령 세례를 받아들이지 않았는데, 그 폐해는 자못 크다는 점을 지적한다. 이 세례를 받아들이지 않는 교회들에서는 흔히 부흥회가 없어지고, 뜨거운 기도 없이 성경 공부에만 매달리고, 심령이 "차돌멩이 같아"진다고 한다.[16]

결론적으로, 박영선 목사는 성령이 주는 성령 세례와 예수가 주는 성령 세례가 모두 필요하다고 한다. 말씀위주의 신앙생활과 체험위주의 신앙생활을 모두 비판하면서 각 파는 상호 보완해야 된다고 역설한다.

> …말씀만을 강조하게 될 때는 기독교는 점점 피폐해 가고 힘을 잃게 됩니다. 생기와 힘이 부족하게 됩니다. 동시에 능력만을 강조하면 너무 부작용이 심해지고 하나님이 약속하신 것들을 체계적으로 잘 알 수가 없게 됩니다. 하나님의 약속에 대해 너무 무식하게 됩니다. 서로가 자기 것만으로는 부족하다는 것을 느껴야 됩니다.[17]

3) '제 3의 길' 성령론

논자는 박영선 목사의 성령론을 '제 3의 길' 성령론이라고 칭하려 한다. 잘 알다시피 '제 3의 길'이라는 용어는 사회학자 기든스(Anthony Giddens)가 시장 경제와 사회주의 경제 각각의 약점을 간파하고, 각각의 장점을 살린 새로운 길을 제시한 것이다. 영국 노동당 출신 총리였던 토니 블레이어(Tony Blair)가 이 철학을 정치에 적용했던 것으로 잘 알려져 있다. 박영선 목사의 성령론은 전통적인 개혁 교회의 성령론과 웨슬레안-오순절 성령론을 창의적으로 결합한 '제 3의 길' 성령론이다. 어느 것도 부정하지 않으면서도, 각각이 가질 수 있는 약점을 지적하면서, 각각의 장점을 살려 양자를 제 3지대에서 창의적으로 결합한 성령론인 것이다. 그는 성령의 역사에 관계해서 말씀 없는 체험, 체험 없는 말씀을 모두 경계한다. '제 3의 길' 성령론은 교리적 논쟁인 중생과 성령 세례라는 카테고리를 벗어나, 성령의 내적인 역사인 성령의 성령 세례와 성령의 외적인 역사인 예수의 성령 세례라는 새 패러다임을 제공한다. 그래서 성령 세례라는 용어를 사용해서 성령의 내적인 역사와 외적인 역사를 모두 인정하고 있다.

그 내용과 용어를 사용하는 것을 볼 때 박영선 목사는 성령론에 있어 토레이 목사(R. A. Torrey, I)와 특히 대천덕 신부(R. A. Torrey, III)의 영향을 받은 것처럼 보인다. 대천덕 신부는 성령론에 관해서 개혁주의와 오순절 파가 갈라져 있을 때, 양자의 장점을 잘 살려 새로운 대안을 제시한 분이다. 대 신부는 성령의 역사를 내적인 역사(중생, 성화)와 외적인 역사(성령 세례, 성령의 은사)로 나누고, 내적인 역사는 구원과 성화에 대한 것이고, 외적인 역사는 사역을 감당하기 위한 것이라고 한다. 누가-행전에 사용된 성령 충만이라는 용어는 때로는 "성령 충분"(그가 제시한 용어; 내적인 역사)으로 쓰이고, 때로는 "성령 충만"(외적인 역사)으로 쓰인다고 한다. 그런데 누가는 이때 비슷한 뜻이지만 다른 헬라어를 써서 양자를 구별한다고 한다.[18] 박 목사는 대 신부에게서 성령의 역사에서 내적인 역사와 외적인 역사를 구분하는 것과 그것이 다 필요하고, 또 양자가 상호 연결되어 있다는 것을 배운 것 같다.

성령론에 대해서 기독교 내부에서 그 목소리가 첨예하게 대립되어 있을 때 필요한 것은 화해의 길이었다. 이렇게 대립과 반목의 길이 아니라 화해의 길을 걸어간 사람들이 중요한 역할을 감당했다. 박 목사와 동년배의 사람들 중에 이러한 길을 걸어간 사람들로는 영국인 신약 학자 막스 터너(Max Turner)와 미국인 성서 신학자 겸 조직 신학자 웨인 그루뎀(Wayne Grudem)을 들 수 있다. 터너는 영국 캠브리지 대학에서 의학을 전공하던 중 "내 양을 먹이라"는 하나님의 음성을 듣고 목회자의 길을 가게 되었다. 그는 방언을 비롯한 여러 성령 은사의 체험을 했고, 신약 학자로서 성경 주석에 정통했던 사람이다. 그도 체험 없이 은사중지론을 설파하는 사람들을 비판하면서 동시에, 말씀에 근거하지 않은 체험을 비판했다. 그래서 『성령과 은사』라는 책을 통해 말씀과 체험을 동시에 지지하는 성령의 은사론을 냈다.[19] 논자는 다른 글에서 그의 성령과 은사라는 책을 소개하면서 이렇게 그의 생각을 평가했다.

사실, 터너가 결론적으로 제시하는 것은 화해다. 그가 책의 마지막 문단에 제시한 것도 "평안의 매는 줄로 성령이 하나 되게 하는 것을 힘써 지키라"(엡 4:3)는 것이었다. 그는 전통적 복음주의와 오순절주의의 화해를 제안하고 있다. 서로 배우려고 하고 자신을 돌아보자는 것이다. 이런 의미에서 나는 터너가 본서에서 추구하는 것이 단순한 중도가 아닌 화해로서의 "제 3의 길" 모색이라고 본다. 여러 입장의 토론을 했지만, 같은 한 하나님과 같은 성령 안에 있는 그리스도인들에게 성령론에 관한 어떤 부분의 입장이 다르더라도 화해를 하는 것이 바로 성령의 기본적인 역사라는 것이다.[20]

터너는 전통적 복음주의자로서 "오순절주의자와 화해한 신학자였다." 그는 양 극단을 비판하지만 "자신의 진영에 대한 비판은 더 날카롭다."[21]

그루뎀은 특이한 이력의 소유자다. 하버드대학 학부를 나와(B. A.), 웨스트민스터 신학대학원에서 신학을 공부한 후(M. Div.), 캠브리지 대학에서 신약학으로 박사 학위를 받은 후(Ph. D.), 미국 트리니티 신학대학원에서 조직 신학을 주로 가르쳤고, 현재는 피닉스 신학대학원에서 성서 신학자 겸 조직 신학자로 활동하고 있다. 그의 이력에서뿐만 아니라 성령론에 관한 그의 견해도 이채롭다. 그는 복음주의 권에서 활동했지만, 예언의 은사를 비롯한 성령의 은사를 체험했고 양자의 강점과 약점을 잘 알고 있는 학자다. 그래서 예언은 은사를 논하면서 예언중지론자, 예언실행자, 방향을 결정하지 못한 모든 사람들을 비판하기보다는 열린 마음을 가지고 다른 입장의 사람들의 말에 귀 기울여 자신의 입장을 조금만 수정하면 성서가 제시하는 이해에 도달할 것이라고 한다. 나는 다른 글에서 이에 관한 그의 견해를 다음과 같이 요약한 바 있다.[22]

> 그루뎀은 예언 은사에 대한 기독교인의 견해를 세 가지로 나눈다. 첫째, 다수의 은사주의자들과 오순절주의자들의 견해로, 지금도 이 은사는 존재하고, 또 교회의 건덕을 위해서 이 은사는 꼭 필요하며, 이것을 "주님의 말씀"으로 이해하는 것이다. 둘째, 다수의 개혁주의자들과 세대주의자들의 견해로, 그것은 이 은사는 중지되었으며, 그러므로 교회에 더 이상 필요하지 않다는 것이다. 셋째, 이것을 어떻게 이해해야 할 지 아직 확신을 갖지 못한 중간 지대의 사람들의 견해다.[23] 그루뎀은 이 세 견해는 성경의 가르침에 따라 각각 약간의 수정이 필요하며, 그렇게 수정하면 서로 "매우 중요하게 생각하는 부분들을 안전하게 지키면서 이 문제 해결을 가져올 가능성이 있다고 생각한다."[24]

그루뎀은 이후에도 은사중지론자, 은사실행자, 중도 입장의 학자들과 실제로 며칠 동안 합숙하면서 이 문제에 대해서 대화하고 토론하는 일을 하면서 서로 이해하게 하는 역할을 했고, 그 대화의 내용을 자신이 편집해서 책으로 내기도 했다.[25] 그는 성령 은사론에 있어서 화해의 사도였다.

터너와 그루뎀과는 반대 방향에서 화해의 길을 제시한 오순절

계통의 신학자도 있었다. 고든 피(Gordon D. Fee)는 오순절파 출신의 저명한 신약 학자다. 그는 사도행전 연구 결과 오순절 운동에서 말하는 성령 세례 교리는 지탱하기 어렵다고 주장했다. 어떤 것이 교리가 되려면 선례와 함께 저자의 의도가 있어야 하는데, 누가가 중생과 성령 세례를 분리해서 성령 세례를 중생 이후에 받는 것으로 의도했는지 분명하지 않기 때문이라고 한다.[26] 이 주장을 한 이후 그는 자신의 교파에서 많은 어려움에 처했었다. 하지만, 그는 복음주의자들과 교류하면서 양자의 화해를 위해 평생을 바친 신학자였다.

사실, 이렇게 '제 3의 길'을 가다보면 내외부적으로 누구에게서도 지지를 받지 못하고 이른바 '왕따'를 당하는 일이 빈번히 일어난다. 터너와 그루뎀과 피는 모두 존경받는 학자들이기는 하지만 각각 개혁주의와 오순절주의 진영에서 완전한 지지를 받지는 못했다. 그렇지만, 그들의 노력을 통해서 개혁주의가 오순절주의를 성령론과 관계해서 사시 안으로 보는 것을 많이 무디게 했고, 또 오순절주의자들도 체험에 앞서 성서 저자의 의도를 보다 심각하게 고려하게 되었다. 성령 세례론에서 보여준 박 목사의 입장이 바로 이런 것이었다.

3. 박영선의 『고린도 교회와 은사』

1) 책이 쓰인 정황

성령론에 있어서 성령 세례론과 함께 또 다른 뜨거운 감자는 성령의 은사론이다. 박영선 목사는 그의 책『성령론』에서도 성령 은사에 대해서 말하지만, 그가 이에 관해서 본격적으로 상술한 것은 고린도전서 12-14장 강해 설교를 통해서다.『고린도 교회와 은사』라는 제목으로 출판된 이 책에서 박 목사는 성령의 은사의 본질이 무엇이고, 이 문제에 대해서 기독교인은 어떤 태도를 취해야 하는지를 분명하게 제시하고 있다.[27]

『고린도 교회와 은사』가 출판된 것은 1999년이지만, 책 서문은 1992년에 쓰였다. 그렇다면 본서의 내용은 1992년 이전에 설교한 것에 기초한 것으로 보인다. 이때도 한 편으로는 성령의 은사에 대해서 부정적인 견해를 발하는 사람들이 있었고, 다른 한 편으로는 온누리교회가 등장하면서 대형 교회에서도 성령의 은사를 인정하고 실행하는 쪽으로 나가는 사람들도 있었다. 이때도 여전히 은사파와 비은사파의 갈등은 있었지만, 과거처럼 교파에 의해서 그것이 명확하게 나누어지는 때는 아니었다.

그때 뿐만 아니라 지금도 여전히 성령의 은사, 특히 방언의 은사는 성령론에 있어 뜨거운 감자다. 한 방송국 피디 출신 김우현이 낸 방언 간증집인『하늘의 언어』가 한국 교회를 강타한 후(2007),[28] 이에 대항하여 옥성호는『방언, 정말 하늘의 언어인가?』로 방언중지론을 대변하는 책을 냈다(2008).[29] 논자 자신도 이에 대하여 『방언은 고귀한 하늘의 언어』(2009), 『신약이 말하는 방언』(2009), 『방언, 성령의 은사』(2015)라는 책을 내기도 했다.[30] 최근에는 방언중지설을 넘어 신약 성서가 방언 자체를 반대했다는 방언부정론(노우호, 2014)까지 등장했다.[31] 또 정이철은 방언과 예언과 치유 실행자들을 신사도주의자들로 몰아붙여 현대 교회에서 일어나고 있는 대부분의 은사를 반대했다(2012, 2014).[32] 비록 박 목사의 책은 이 모든 저술보다 먼저 쓰였지만, 방언을 비롯한 성령의 은사에 대한 논쟁은 지금까지도 계속되고 있고 이 문제에 대한 논쟁은 지금도 여전히 필요하다.

2) 책의 핵심 내용

박영선 목사는 성령의 은사 문제에 대한 입장을 보면 그 사람의 신앙의 색깔을 볼 수 있는 것이라고 말하면서 이 주제를 다룬다. 그는 고린도전서 12-14장을 강해하면서 14편의 강해 설교를 통해서 성령의 은사에 대해서 자신의 견해를 피력한다. 주요 이슈와 관련하여 그의 의견을 정리하면 다음과 같다.

(1) 성령의 은사의 성격: 이 문제를 은사론에서 다루느냐 아니면 영적인 현상 문제로 다루느냐에 따라 성령의 은사 문제에 대한 해석이 달라진다. 이것을 "영적인 것들"(고전 12:1)이라는 주제로 취급하면, 고린도전서 12-14장에서 말하는 은사는 "성령의 은사"로

초자연적 본질을 가진 것으로 간주한다.[33] 이렇게 보는 사람은 각 은사가 어떤 것이고, 그것을 어떻게 활용해야 교회를 세우게 되는지를 다루게 된다.

그런데 박 목사는 이 문제를 일반 은사론에서 취급한다. 바울은 영적인 은사(고전 12:8-10)뿐만 아니라 구원(롬 1:11)과 일반 은사(롬 12:3-8), 특별한 소명(고전 7:7) 등을 모두 은사라는 한 카테고리 안에 넣는다는 것이다. 그래서 신자라면 어떤 은사든지 교회의 유익을 위해 이 은사를 쓰면 되는 것이지, 특별히 영적인 은사라고 해서 더 사모하거나 더 좋은 것으로 여기면 안 된다는 것이다. 각자는 어떤 은사든 주어진 것에 만족하고 감사하여 다른 신자들의 유익을 위해서 그 은사를 활용하면 된다는 것이다. 예를 들어, 어떤 신자에게 가르치는 은사(롬 12:7)가 있으면 굳이 방언의 은사를 사모하거나 추구할 필요가 없다는 것이다.

(2) 은사장(고전 12-14장)의 본질: 흔히 성령의 은사장이라고 불리는 고린도전서 12-14장이 본질상 어떤 성격의 것인가가 성경 주석자들 사이에 오래 논란 거리였다. 일군의 사람들은 이것은 고린도 교인들의 잘못된 은사관을 바로 잡는 것이기에, 여기서 바울이 말하려고 하는 바는 은사 활용에 대한 것이 아니라 그들의 태도를 바로잡으려고 하는 것이었다고 주장한다. 한편, 다른 사람들은 비록 여기서 바울이 고린도 교인들의 잘못된 은사관을 바로잡으려고 하는 것은 맞지만, 14장을 통해서 예배 가운데 방언과 예언을 비롯한 은사 활용법을 구체적으로 제시하기 때문에 바울의 목적

은 잘못된 것에 대한 교정과 은사 활용 지침, 두 가지에 다 걸쳐 있다는 것이다.

박영선 목사는 전자의 입장을 취한다. 그는 이 부분에서 바울은 은사 실행에 대해서 말한 것이 아니라 기독교인의 삶의 태도에 관해서 말한 것이라고 한다. 바울은 방언의 오용을 교정하려 했지, 방언과 예언을 비롯한 여러 은사들의 활용법에 대해서 말한 것이 아니라는 것이다. 그의 말을 그대로 빌리면,

> 지금 고린도전서 12장의 여러 가지 은사에 관한 이야기들은 은사에 어떤, 어떤 것이 있는가에 관심을 두고 쓰여진 것이 아니라 어떤 은사든지 다 한 하나님이 주신 것이며, 곧 한 성령님이 주신 것으로서 유익을 주기 위해서 주신 것이라는 데 초점을 모으고 있지, 여기에 있는 것들로 인하여 은사에는 이것도 있고, 이것도 있고, 이것도 있구나를 나열하는데 그 목적이 있지 않습니다.[34]

그래서 박영선 목사에게 있어 고린도전서 12-14장에서 그 어떤 부분보다도 은사의 활용 방식에 있어 중요한 사랑을 말하는 13장이 중요하다고 본다.

(3) 성령의 은사 목적: 박영선 목사는 성령 세례와 성령의 은사를 성령의 사역 중 성령의 외적인 역사에 해당하는 것으로, 즉 능력적인 것으로 분류한다.[35] 그 차이점은 성령 세례의 목적은 예수의 복음을 힘 있게 증거하는 것이라면, 성령의 은사의 목적은 교회

의 유익을 위한 것, 즉 교회 내의 사람들에게 유익을 끼치는 것이라고 한다.[36] 그래서 은사는 교회를 몸으로 비유할 때 그 지체를 섬기는 것이 되어야지 허무는 것이 되어서는 안 된다고 한다. 박영선 목사는 교회의 유익이 되지 않으면 차라리 은사를 구하지 않는 편이 낫다고 말한다.[37]

(4) 성령 은사의 오용: 바울도 고린도전서 14장에서 은사를 오용하는 것에 대해서 말한다. 예배 시간에 공적 방언을 통역 없이 사용하는 것(14:6-25)과 예배 때 성령의 은사가 임할 때 차례대로 하지 않고 중구난방으로 말하는 것과 예배를 한 사람이 지배하는 것(14:26-40)을 경계한다. 박영선 목사는 본서에서 한국 교회에서 벌어지는 은사가 오용되는 것에 깊은 우려를 나타낸다. 그가 성령의 은사를 오용한다고 생각하는 것들에는 자기 과시를 위해서 은사를 사용하는 것, 은사를 통해서 신앙을 계급화 하는 것, 특정 은사를 체험하지 않은 사람을 판단해서 자기와 같이 체험하라고 권하는 것 등이 있음을 예로 든다.[38]

(5) 방언의 유익과 폐해: 박영선 목사는 가장 논란이 되는 방언에 대해서 매우 적극적으로 자신의 의견을 개진한다. 그는 "방언은 그 방언이라는 은사를 준 사람에게 하나님께서 직접 간섭하시고, 그 사람을 방언하게 함으로써 그것을 듣는 사람, 즉 회중에게 하나님이 간섭하셨다는 표만은 분명히 나타나는 것이 그 특징"이라고 한다.[39] 그런데 방언을 체험한 사람들이 이 사실을 깨닫지 못하고

방언 체험 그 자체에 초점을 맞추고 있는 것이 문제라고 한다. 그는 한국 교회에서 흔히 일어나는 방언의 폐해를 구체적으로 들고 있다. 방언이나 예언을 하는 사람들은 "그렇지 못한 자들을 깔보는 습성이 있다"고 한다.[40] 또 "방언을 하는 사람은 못하는 사람을 우습게 보려는 경향이 있다"고 한다.[41] 그래서 그는 한국 교회와 전 세계 교회에서 "방언이 끼친 부작용"이 대단히 많다고 본다.[42] 그는 방언 은사 체험이 없어도 신앙생활에 아무 문제가 없는데, 그것이 있어야만 신앙생활이 되는 연약한 사람들을 위해서 필요한 것이라고 한다.[43] 또 방언뿐만 아니라 다른 은사에도 이 원리가 적용된다고 믿는다.

> …은사란 우리의 부족 가운데 내버려 두지 않으시고 간섭하시고 지키신다는 표도 되지만 동시에 은사란 그런 의미에서 우리가 제대로 신앙생활을 못하기 때문에 터져 나오는 것이기도 합니다. 그래서 은사가 많아야 될 필요는 어떤 의미에서도 없습니다. 은사가 많고 기적이 많나는 것은 성경이 성경으로 충분한 시도가 되지 않는다는 반증이 되기 때문입니다.[44]

(6) 예언의 은사: 박영선 목사는 주로 구약 성서 구절에 의존하여 예언의 목적은 하나님이 역사의 주관자이시고 실제로 역사에 개입하신다는 생각에 있다고 한다. 성경적 예언이란, 박 목사에 의하면, 개구리 뛰는 방향을 알아맞히는 것이 아니라 역사는 "누군가가 어떤 목적을 정하고 계획을 세우셨기 때문에 목적과 계획대로

갈 수밖에 없다는 것을 증명하는데 그 기능과 특징"이 있는 것이다.[45] 그래서 예언을 할 때 자신에게 하나님의 역사를 보여줬다고 자랑할 수 없고 오히려 "온 세상은 하나님의 손 안에 있습니다. 우리의 운명이 하나님의 은총 아래 있습니다. 하나님이 우리에게 복 주시려고 한 것은 하나님의 능력으로 이루어지고야 말 것입니다." 라고 해야 할 것이라고 박 목사는 말한다.[46]

3) 소극적 인정론

논자는 지금까지 여러 책들과 논문을 통해서 성령의 은사 문제에 대해서 나름대로의 의견을 피력한 바 있다.[47] 박영선 목사가 위에서 제기한 문제들에 대해서는 이미 필자 나름대로의 해결책을 제시했다. 그래서 여기에서는 박영선 목사가 주석하고 해석한 구체적인 문제에 대해서 구체적으로 평가하기보다는 박영선 목사가 취한 입장의 장단점을 말하는 것으로 그의 성령 은사론에 대한 평가를 대신하고자 한다.

박영선 목사가 성령 세례론에서는 '제 3의 길'을 통한 화해의 길을 제시한 데 반해, 성령의 은사론에서는 자신의 입으로 말하듯이 "상당히 보수적인 입장"을 취한다.[48] 이러한 입장은 논자가 전에 쓴 책에서 말한 분류에 따르면 성령의 은사에 대한 세 가지 입장(적극적 부정론, 소극적 인정론, 적극적 인정론) 중 "소극적 인정론"에 속한다.[49] 적극적 부정론은 성서의 저자들이 말하는 것이 아니라 교회 역사 가운데 생겨난 이론이다. 소극적 인정론과 적극적 인정론은 은사를 설명하는 데 장단점이 있다.

소극적 인정론은 성경에 있는 은사가 현재 중지되었다고 믿는 은사중지론자들과는 달리 성령의 은사가 지금도 여전히 유효하다고 믿는다. 은사에는 부작용이 따르나 그것 때문에 소홀히 여기거나 이것이 부정되어서는 안 된다고 한다.[50] 하지만 "은사 운동이 너무 크게 부각되는 것을 조심하는 쪽"에 서 있다.[51] 이런 입장에 서면 은사 자체는 인정하지만 은사가 나타나고, 또 그렇게 되기를 권하는 이른바 "은사 집회"라는 것을 꺼리게 된다.[52] 성령의 은사론 본문을 통해서 성령의 은사의 현시에 대한 것을 배우려 하기보다 여기로부터 기독교인의 삶의 원리를 끌어내려 한다. 또 은사의 현시는 하나님의 자연스런 역사에서 발원하기보다는 이런 것이 있어야 하나님을 인정하는 인간의 부족함 때문에 어쩔 수 없이 주어지는 것이라고 본다. 이들은 성령의 현시가 없이 말씀으로만 신앙생활하는 것이 더 이상적인 상태라고 보는 것이다.

성령의 은사에 대해서 소극적 인정론을 취하는 것에 유익한 점이 많이 있다. 첫째, 이런 입장을 취하면 대개 주관적인 체험보다는 객관적인 말씀 연구에 집중하게 된다. 둘째, 이런 입장을 취하면 순간적인 은사 체험 자체보다는 성화에 더 집중하는 경향성이 있다. 셋째, 사회 계층으로 보면 중산층 이상의 사람들이 이러한 입장의 교리나 실행에 편안함을 느낀다. 어떤 특정한 은사 체험 위주의 신앙보다는 거듭난 이성을 활용해서 순간마다 올바른 결단과 판단을 하고 실행을 하는 것이 이들에게는 훨씬 더 편한 삶의 방식이다. 넷째, 이러한 입장에 서면 주관적인 진리 체험보다 객관적인 진리에 대한 이해를 더 중점적으로 추구하게 되어 이단이나 사이비 사상에 빠질 위험이 적어진다.

그런데 성령의 은사에 대해서 소극적 인정의 입장을 취하면 바울이 말한 은사를 실행하는 데 있어 한계가 발생한다. 이러한 입장에 서면 다른 기독교인이 방언 등 자신이 체험하지 않은 은사에 관해서 말할 때 지나치게 민감한 반응을 보이는 경우가 많다. 한국 사람들에게 헬스장에서 근육 운동을 하는 사람들의 모습을 묘사하라고 하면 대개 그 사람들이 힘자랑하고 있다고 표현한다고 한다. 그들은 단지 운동을 하고 있을 뿐인데, 거기에 그것을 시샘하는 판단이 들어가는 것이다. 방언 등 성령의 은사 비체험자가 은사 체험자에 대해서 느끼는 감정도 비슷하다. 사실, 방언하는 사람은 그것을 체험해서 놀라운 변화를 맛보아, 바울의 권유와 같이 다른 동료 기독교인들도 그것을 체험했으면 하고 바란 것인데(고전 14:5), 이 사람들이 방언 체험을 자랑하면서 체험하지 못한 사람들을 무시했다고 판단하기도 한다.

또 이러한 입장에 서면, 고린도전서 14장에서 바울이 말했던 구체적인 은사 활용법, 특히 26-40절에 있는 말씀을 이해하기 어렵게 된다. 바울은 분명히 성령의 은사가 교회 예배 가운데 사용될 때 교회의 '오이코도메'(세움)가 이루어진다고 했는데, 소극적 인정론을 취하면 사실상 이러한 은사가 활용되는 것 자체를 꺼려하여 그 은사가 나타날 때 본래 의도된 복을 누릴 수 없게 된다.

소극적 인정의 입장은 대개 성령의 은사를 인정하지만 실제로 체험하지 못한 사람들이 취한다. 박영돈이 『일그러진 성령의 얼굴』이라는 책에서 취한 입장이 그것이다. 그는 은사중지론을 극렬히 반대하면서, 동시에 교회에서 성령의 은사가 실제로 나타나는 것에도 그것에 못지않게 거리낌을 가지고 있다. 그도 은사를 통해 신앙의 법칙을 배워야지, 성령의 은사 자체가 실제로 나타나는 것에는 상당한 정도의 거부감이 있다.[53] 개혁주의 신학에 뿌리를 두고 있고 성령론에서 성화를 강조한다는 면에서 터너와 그루뎀과 박영돈은 비슷하지만, 터너와 그루뎀은 박영돈보다 성령의 은사 체험에 대해서 보다 적극적인 입장을 취하는 것은 그들은 은사에 대한 말씀 해석과 아울러 이에 대해서 체험이 풍성히 있었기 때문이다.

4. 나가는 말

논자는 본 장에서 성령론, 보다 구체적으로는 성령 세례론과 성령의 은사론과 관련하여 박영선 목사와 대화를 시도했다. 첫째, 박영선의 성령 세례론은 이 분야 논쟁에서 용어의 패러다임 변화를 통해 논쟁 상대자 간의 화해를 시도한 것으로, 긍정적인 뜻으로 '제 3의 길' 성령론이라고 부를 수 있을 것이다. 둘째, 박영선은 성령의 은사론에 있어서는 보다 보수적이고, 전통적인 견해를 취한다. 그의 견해는 한국 개혁주의적 복음주의에서 대다수가 취하는 노선일 것이다. 이러한 입장은 신자에게 보다 안정감을 줄 수는 있지만, 성령 은사 체험을 사실상 권장하지도 않고 사모하라고 하지도 않는다. 은사 체험은 주로 하나님의 주권의 영역의 문제로 돌린다. 이런 의미에서 박영선의 성령론은 큰 공헌과 함께 한계가 없는 것이 아니다.

하지만, 전체적으로 볼 때 박영선의 성령론은 근본적으로 긍정을 더 많이 가지고 있다. 그는 성령 사역에 대한 이해가 다르다고 해서 자신의 잣대로 자신과 다른 의견을 가진 상대방을 최후의 심판대 위에 올려놓지 않는다. 그는 자신의 자리에 서지 않았다고 타인을 자신의 자리로 끌어내리려고도 하지 않는다. 지금까지, 특히 20세기 초부터 국내외 교회에서 성령의 사역 문제에 관한 논쟁으로 그리스도의 몸인 교회가 너무나 많이 찢기고, 상처를 받아왔다. 성령 사역에 대한 이해가 다른 상대방을 이단이나 사이비로 모는 것은 예삿일이었다. 그런 일이 과거 일만이 아니라 최근에도 일어나고 있다.

이 글을 쓰는 사이에 이러한 박영선 목사의 화해의 입장이 빛을 발한 것을 기독교 매체를 통해서 접할 수 있었다. 장로교 합동 측 목사인 "두날개" 신학의 주창자 김성곤 목사에게 이단성이 있는지를 장로교 합신 측에서 문제를 삼아 총회에서 이 문제를 다룰 때, 박 목사는 분연히 일어나 총회 대의원들을 설득했다.

> 그러자 박영선 목사(남포교회)가 "두날개 운동은 이단 운운할 만큼의 문제가 아니다. 미숙한 점이 있으면 있었지 잘못한 것은 없다. 이 문제를 이대위에 넘긴 것이 우리의 잘못"이라고 말했다. 이어 "우리 총회는 모든 교회에서의 신앙 교육이 신학적 깊이와 균형을 절실히 필요로 한다는 것을 확인한다. 따라서 모든 교회

가 하나님의 은혜로 나아가고 승리할 것을 간절히 구하는 기회로 삼자"고 개의안을 내놓았다. 이에 의견 수렴을 위해 투표를 진행했고, 총대들은 박 목사의 의견에 압도적인 지지를 보냈다.[54]

이렇게 박영선 목사가 원만하게 총회 대의원들의 지지를 받는 화해의 길을 제시한 것은 그가 지금까지 추구해온 성령론에 관해서 '제 3의 길' 이해를 가지고 있었고 또 그 신학대로 살아온 것과 무관하지 않을 것이다. 이처럼 박영선은 '제 3의 길' 성령론은 한국교회를 대결보다는 화해의 길로 인도하고 있다. 이러한 그의 '제 3의 길' 성령론은 그가 1980년대 중반 이것을 처음 주창했을 때나 지금이나 여전히 유효하다.

제 3장

하용조 목사의 "Acts 29"

1. 들어가는 말

하용조 목사(1946-2011)가 온누리교회의 담임 목사로 사역하면서 내건 모토는 사도행전적 교회였다. 그가 추구한 교회는 "사도행전에서 보여준 바로 그 교회"다. 그는 "성경적이고 이상적이며 건강한 교회의 모델은 사도행전에 나타난 교회"라고 보았다.[1] 크리스천의 사명은 그 사도행전적 교회를 지금, 여기에서 구현하는 것이다. 그래서 온누리교회의 비전은 "Acts 29" 운동이다. 이 비전을 가진 교회는 사도행전의 교회를 모델로 하여 지금 여기에서 사도행전 28장 이후, 즉 29장의 역사를 계속 써 나가야 한다는 것이다. 그의 말을 그대로 빌리면, "사도행전은 끝나지 않았다. 주님의 명령을 따라서 모든 족속에게 복음을 전하는 사도행전은 지금도 계속되고 있다."[2] 하 목사는 그 사도행전적 교회는 지금, 여기에서 재현될 수 있다고 확신한다.

본 장에서 우리는 하용조 목사가 주창한 "Acts 29" 운동이 성서 신학적 정당성을 갖고 있는가를 검토할 것이다. 신학적으로 리버할한 측과 극 보수 측 모두에서 이러한 운동에 대한 신학적 반대가 있어 왔다.[3] 그래서 이것이 과연 성서 신학적 정당성을 가지고 있는 운동인지를 고찰하는 것은 중요하고 의미 있는 일이다. 그동안 하 목사의 신학에 대해서 쓴 논문들이 있었지만, 이 핵심적인 문제를 정면으로 다루지 않았다. 그가 목회자였기에 신학자들은 주로 그의 설교에 대한 평가를 했다.[4] 이렇게 그의 신앙 운동의 핵심인 "Acts 29"의 신약 신학적, 이론 신학적 근거 유무에 대한 논의는 깊숙이 이루어지지 않은 이유 중 하나는 그에 대해서 평가한 학자들이 주로 비오순절계 신학자들이어서, 오순절 신학과 맥을 같이 하는 "Acts 29" 운동에 대한 이해가 적어서일 것이다. 그래서 본 장에서는 이 문제를 다루어보고자 한다.

본 장에서 나는 우선, 하 목사가 말하는 사도행전적 교회가 무엇인지 정리할 것이다. 그가 말하는 "사도행전 29장" 운동이 무엇인지 일단 이해하는 것이 필요하다. 이어서 그의 주장이 현 신약학계에서 인정받을 수 있는 주장인지를 검토할 것이다. 이러한 연구 결과, 하 목사의 주장은 성서 신학적 근거가 있다는 것이 밝혀질 것이다. 그가 주창한 것은 오순절파의 사도행전 이해와 맥을 같이하고 있는 것으로, 나는 사도행전의 역사가 지금도 계속되고 있다는 주장에 충분한 성경적 근거가 있음을 보여줄 것이다. 한 마디로 말해, 본 장에서 나는 하용조 목사가 주창한 "Acts 29" 운동이 성서 신학적 근거와 정당성이 있음을 보여줄 것이다.

2. 하용조 목사가 꿈꾼 사도행전적 교회

하용조 목사가 꿈 꾼 교회의 모습은 사도행전에 기록되어 있는 그대로의 교회다. 그 교회는 후대의 교회가 따라가야 할 모델 교회다. 변질된 교회들은 이 교회를 모델로 해서 개혁되고 갱신되어야 한다. 현실 교회는 인간이 주인이 되어 타락하는 경우가 있는데, 사도행전에 나타난 교회는 예수가 주인이요, 성령이 주도하시고, 결국 하나님께 영광 돌리는 교회다.[5] 하 목사에 따르면 지금 사도행전적 교회가 되기 위해서는 사도행전에 나타난 목회 철학에 기초해야 하고, 그 철학에 따른 실천적 원리대로 행동하며, 사도행전에 나타난 성령 체험을 공유해야 한다.

1) 사도행전적 목회 철학

하용조 목사에 따르면, 사도행전적 교회는 성령이 움직이는 교회로, 성령의 인도에 따라 평신도가 능동적으로 사역하는 교회다. 이런 교회는 "성령 충만한 평신도들이 헌신하여 이끌어 가는 교회다."[6] 이런 교회는 "교회의 핵심적인 본질은 영혼 구원이다."라는 비전에 따라 움직이는 교회다.[7] 그는 사도행전 내러티브에 나타난 사도행전적 교회를 다음과 같이 정리한다. 1) 성령으로 충만한 공동체(2장), 2) 예수의 삶을 사는 공동체(2장), 3) 날마다 기적이 일어나는 공동체(3장), 4) 고난 속에서도 복음을 전하는 공동체(4장), 5) 거룩과 성결과 정직을 추구하는 공동체(5장), 6) 평신도 리더를 세우는 공동체(6장), 7) 순교하는 공동체(7장), 8) 이방인을 품는 공동체(10장), 9) 땅끝까지 선교하는 공동체(13-28장), 10) 사도행전 29장을 계속 써 나가는 공동체(28장 이후). 이러한 교회를 추구하는 것이 하 목사의 목회 철학이다.[8]

그런데 중요한 것은, 하 목사에 의하면 이러한 교회는 초기 교회에 있었던 독특하고, 재현 불가능한 것이 아니라는 것이다. 그는 그 근거를 누가가 사도행전의 끝을 구성하는 의도에서 찾는다. 사도행전의 끝 단어는 "거침없이"(28:31)로 무엇이 끝나는 것이 아니라 계속되고 있는 뉘앙스 있는 단어다. 하 목사에 따르면, "사도행전의 마지막은 끝이 없다. 그렇다. 사도행전의 교회는 끝이 없다. 마침표(period)가 아니라 콤마(comma)만 있을 뿐이다. 사도행전의 교회는 주님이 재림할 때까지 지금도 계속되고 있다."[9]

2) 사도행전적 목회 실천

하 목사는 위와 같은 사도행전적 교회라는 목회 철학에 따라 그의 목회의 각론을 구성하고 실천한다. 그것을 다음과 같이 요약 정리할 수 있다.

> 첫째, 사도행전적 예배는 성령의 기름 부음 있어 예배자가 성령 충만을 체험하는 예배다.
> 둘째, 사도행전적 사역은 사도행전에 나오는 바울과 아굴라 부부처럼 목회자와 평신도가 동역하는 것이다.

셋째, 사도행전적 설교는 말씀을 기록된 의도대로, 성령의 감동으로 선포하는 것이다.

넷째, 사도행전적 양육은 목회 철학에 따라 성도를 지도자로 세우는 일이다.

다섯째, 사도행전적 소그룹 모임은 자체로 하나의 소 교회를 이루는 것이다.

여섯째, 사도행전적 교회는 동일 문화권에서 전도뿐 아니라 타 문화권에서 선교가 동시에 잘 이루어지는 교회다.[10]

하 목사는 사도행전에 따른 일관성 있는 교회론, 목회 철학이 있었고, 또 그 철학에 따른 구체적인 실천론을 가지고 있었다. 아마도 이것이 온누리교회 부흥의 큰 요인이었을 것이다.

3) 사도행전적 성령 체험

하용조 목사가 추구하는 사도행전적 교회의 기저에는 사도행전에 나오는 성령 체험을 교회 멤버들이 공유하는 것이다. "사도행전 교인들은 한 사람도 예외 없이 성령을 받았다. 오순절 다락방에서 성령을 받지 않은 사람이 한 명도 없었다. 나는 성도들이 다 성령으로 충만하기를 원하며 성령님의 기름 부으심이 나타나기를 소망한다."[11] 그는 교회에서 팀워크를 이루어 동역할 사람들의 기본 토대 중의 하나로 "성령 체험이 같아야 한다."는 것을 든다.[12]

하 목사가 목회 처음부터 성령 사역을 한 것은 아니다. 그는 신학생 때 여러 현대 신학자들의 신학을 배웠는데, 이론적으로는 그럴 듯 했지만, 그 이론을 가지고는 하나님을 만날 수 없었다고 한다. 그는 영국에 유학하면서 복음주의 신학과 조우하게 되었고, 그 신학을 통해서는 자신이 그동안 신앙생활 했던 것을 설명할 수 있게 되었다고 한다. 그는 처음에 말씀 중심 목회를 했었는데, 거기에는 성령 사역에 대한 나쁜 경험 때문이었다. 그러다가 안식년을 보낸 후 성령 사역을 시작했는데, 그때부터 온누리교회는 폭발적 성장을 했다. 그래서 그가 말하는 사도행전적 교회의 기초는 교회 구성원들이 같이 성령 체험을 하고, 그 바탕 위에서 교회에 헌신하는 것이다.[13]

하용조 목사의 설교 세계를 연구한 유상현도 이 점을 이미 간파했다. 하 목사가 성령에 대해서 관심을 가지라고 말할 때 그가 말하고자 한 바는 성령에 대한 교리에 관심을 가지라는 것이 아니라 성령 체험을 하라는 것이다.

> 그의 이런 표현 전후에 역점을 두고 전달하려고 하는 바는 '생체험적 성령론을 온 힘을 다해 거듭하여 강조하려는 의지다. 이것은 그가 '성령을 받은 자만이 안다'고 확언했듯이 바로 체험적 성령 이해를 겪은 사람만이 던질 수 있는 강조태의 어법이다. 그가 성심을 다해 말하는 다음의 권유는 그런 뜻에서 단순한 강해를 위한 성구 해설이 아님을 알 수 있다.
> "저는 여러분이 성령을 체험하고 성령으로 세례 받기를 바랍니다. 이것이 이루어지지 않으면 사도행전은 근본적으로 시작되지

않았습니다. 사도행전의 문을 여는 열쇠는 성령 세례입니다."[14]

하 목사가 성령 체험을 "Acts 29" 비전 구현의 요체로 본 것은 이 체험 없이는 사도행전을 이해할 수도, 또 그 내용을 현재에 재현할 수도 없다고 보았기 때문이다. 그가 성령 체험을 얼마나 중요하게 여겼는가는 그의 다음의 말 한 마디를 통해 확인할 수 있다. "성령님에 대해서 백 번 설교를 듣는 것보다 여러분이 한 번 체험하는 것이 낫습니다. 하나님의 호흡을 체험하기 바랍니다."[15]

3. 사도행전의 역사는 지금도 계속되는가?

1) 두 가지 도전

하용조 목사가 주창한 목회 철학은 사도행전에 근원한 것이고, 또 사도행전에 기록된 역사는 지금도 역사 속에서 계속된다고 보는 것에 근거한 것이다. 그런데 신약학계에서는 이에 대한 두 가지 도전이 있어 왔다. 하나는 자유주의적인 서클에서 제기한 도전이었고, 다른 하나는 전통적인 보수적인 서클에서의 도전이었다.

첫 번째 도전은 사도행전에 나오는 기사들은 역사적 사실이 아니라는 주장이다. 독일 신학자 바우어(F. C. Baur)가 19세기에 사도행전의 역사성을 의심한 주장을 한 이후 20세기 들어 그러한 기조는 20세기의 독일 신약 학자들인 디벨리우스(M. Diebelius)와 행헨(E. Haenchen)과 콘첼만(H. Conzelmann)에 의해 계승되고 있다. 반면, 이러한 사조에 반발하여 영국을 중심으로 사도행전 기사의 역사성을 인정하는 신학자들이 계속해서 나왔다. 19세기의 람세이(William Ramsay), 20세기의 브루스(F. F. Bruce)와 마샬(I. Howard Marshall) 등의 영국 신학자들이 사도행전의 역사성을 적극적으로 인정하였다.[16] 최근에는 한국인 신학자인 최종상은 사도행전의 바울의 모습과 서신서의 바울의 모습이 전혀 다른 모습이라는 그동안의 학자들의 의견이 편견이라고 주장하는 연구서를 내기도 했다.[17]

사도행전의 역사성에 대한 신약 학자들의 논쟁은 쉽게 끝날 것 같지 않다. 다만, 현재는 독일 학자들이 주도하는 역사적 회의주의와 아울러 복음주의적 영미 학자들이 주도하는 역사적 신뢰성에 대한 주장이 평행을 이루는 중이다. 이 문제는 근시일 내에 학문적으로 어느 한 쪽으로 확실하게 결론이 날 것 같지는 않다. 다만, 나는 독일 학자들의 견해 뒤에는 역사적 회의주의가 자리 잡고 있고, 각 구절에서 역사성의 문제는 모두 증명된 것은 아니라고 하는 마샬의 견해가 더 설득력이 있다고 본다.[18] 최근에 키너가 빙대한 사도행전 주석을 쓰면서 말했듯이, "누가는 그의 동시대인들의 표준으로 볼 때 인정할 만하고 책임 있는 역사가였다. 비록 그는 그의 몇몇 엘리트 동료들이 기대했던 것보다는 보다 대중적 청중을 위해 그 책을 썼지만 말이다."[19]

두 번째 도전은 사도행전은 하나님의 구원사에서 특수 역사에 대한 기록이지, 후대 신앙인들이 따라야 할 모범으로 기록된 것이 아니라는 보수 서클에서의 주장이다. 여기서 문제시 하는 것은 사도행전의 문학적 장르다. 이렇게 내러티브의 장르로 기록한 것에서 우리는 확실한 교리를 끌어낼 수 없다는 것이다. 만약 가능하다면, 서신서와 같이 직접적으로 교리를 말하는 구절의 보조 역할로만 가능하다는 것이다. 스토트(John W. Stott)는 이렇게 말한다. "이 계시는 교훈적인(didactic) 면에서 추구되어야 하지 묘사적인(descriptive) 면에서 추구되어서는 안 된다. 보다 정확하게 말해서 우리는 예수의 가르침이나 사도들의 설교들, 그리고 그 글들 속에서 하나님의 목적을 찾아야지 사도행전에 나오는 순전히 이야기체의 부분 속에서 찾아서는 안 된다는 것이다."[20] 하지만, 이러한 주장은 성서를 계시에 의한 교리서로만 보려는 시각에서 나온 것이다. 그 장르에 관계없이 각 성경은 하나님의 거대한 구원사와 아울러 하나님의 백성이 살아야 할 근거와 전거를 제공한다.

1980년대 이후 일반 인문학에서 성서학으로 문학 비평이 도입되면서 성서 저자들이 내러티브로 자신의 신학을 표출하고 있다는 것이 자명해졌다.[21] 구약 학자 골딩게이(John Goldingay)의 다음의 말은 성경 자체가 내러티브로 신학을 펼치고 있음을 잘 보여주고 있다.

> 내러티브와 이야기가 성서를 지배한다…. 한 측면에서는 기독교 전승은 이야기의 중요성을 항상 인지해왔지만, 당신은 이것을 기독교 신학의 본질로부터 온 것이라고 혹은 영성에 관한 대부분의 글의 본질에서 온 것이라는 것은 추측하지 못할 것이다…. 이것은 신학을 하는 자연스럽고 성경적인 방법이다. 이것이 바로 바

울의 대화 방식이다. 하지만 내러티브는 신학을 표출하는데 있어서 성서가 취한 지배적인 방식이다.[22]

2) 사도행전적 교회가 계속된다는 주장들

사도행전에 기록된 교회의 모습이 후대 교회의 모델이라는 근거가 있는가? 여기서 나는 이에 대해서 구체적인 나의 답변을 제시하는 대신, 최근 이에 대해서 말하는 학자들의 견해를 요약적으로 제시함으로써 이러한 질문에 신학적으로 긍정적인 답변을 할 수 있다는 것을 보여주려고 한다.

(1) 마이클 그린(Michael Green)

그린은 사도행전을 예수의 죽음 후 첫 기독교인들이 어떻게 퍼져 나갔고 배가했는지를 보여주는 유일한 책이라고 한다. 우리는 이 책에서 "기독교인의 삶과 사역의 원칙"을 배울 수 있다.[23] 그의 책 제목(*Thirty Years That Changed the World: The Book of Acts for Today*)이 보여주듯이, 그린은 주후 33년에서 64년이 교회에 있어서 세상을 바꾼 정말 중요한 30년이라고 한다. "그 30년 동안 이 운동은 충분한 성장을 하고 신빙성을 인정받아 세계가 목도한 최대의 종교가 되어 수억의 사람들을 변화시켰다."[24] 그린이 본서에서 찾으려고 하는 것은 이러한 변화의 원리가 어떤 것이었으며 그것을 오늘날 어떻게 적용할 수 있을까 하는 것이다. 그는 이른바 "사도행전 29장"의 비전이 가능한가 묻고, 자신은 그렇다고 믿으며, 독자들에게 이것이 그렇다고 믿게 하기 위해 본서를 쓴 것이라고 말한다. "우리가 기꺼이 원하기만 하면 초대 교회를 시작하게 한 하나님의 성령의 신선한 바람이 우리 안에서, 그리고 우리를 통하여 여전히 역사하고, 여전히 가동하며, 여전히 일할 준비가 되어 있다는 것이다.[25] 그는 누가-행전의 문헌의 성격을 다음과 같이 올바로 보고 있다.

> 누가는 예수가 지상에 계실 때 그가 무엇을 행했고 무엇을 가르치기 시작했는지를 보여주기 위해 복음서를 썼다. 그는 예수가 부활 후 성령이라는 매개자를 통해, 그 메시지를 거부할 수 없는 불과 10여 명의 사람 안에서 계속해서 무엇을 행했고, 무엇을 가르치기 시작했는지를 보여주기 위해 사도행전을 썼다. 하나님은 여전히 이 역동적인 사업에 관여하고 계신다.[26]

이러한 입장에서 그린은 여러 주제로 사도행전을 읽고 그것을 오늘날 어떻게 적용할 수 있는지를 고찰한다. 그 주제는 선교 방법, 라이프 스타일, 설교, 변증, 전도 방법, 교회 설립, 목회, 교회 생활, 지도력, 고난, 성령 등이다. 그리고 그는 마지막으로 사도행전에서 최우선적인 주제로 기도, 말씀, 선교, 일치, 성령, 진심의 순종을 든다.

(2) 로벗 멘지스(Robert P. Menzies)

사도행전 2장에 나오는 오순절 사건은 유일무이하고 반복되지 않는 종류의 것인가? 이 질문에 대해서 몇몇 학자들이 그렇다고 보는 반면,[27] 멘지스는 그렇지 않다고 본다. 이 문제는 다음 질문에 어떻게 답하느냐에 달려 있다. 사도행전 내러티브에 있는 내용은 독자들이 신앙적으로 따라할 모델로 기록된 것인가? 아니면 유일무이한 특수한 사건으로 기록된 것인가? 멘지스는 다음과 같이 세 가지 면에서 누가-행전은 후대 신자들이 체험할 사건으로 기록되었다고 주장한다.

첫째, 누가-행전의 구조로 볼 때 그렇다. 누가는 복음서와 사도행전의 구조를 통해서 오순절 사건이 유일회적인 사건이 아니라 후대에 계속되어야 할 체험임을 잘 보여주고 있다. 누가복음과 사도행전은 신학과 구조 등 많은 면에서 유사하다. 누가복음에서 예수는 요단강에서 성령 체험을 한 후(눅 3:21-22; 41), 이어서 그 성령 체험과 사신의 사역을 연관시키는 설교를 나사렛에서 한다(눅 4:16-30). 이와 유사하게, 사도행전에서 예수의 제자들은 오순절에 성령 충만 체험을 하고 난 후(행 2:1-13), 이어서 베드로가 예수의 제자들은 이 성령 체험을 통해 말세의 예언자로서의 사명을 감당해야 한다는 설교를 한다(행 2:14-21). 예수의 설교와 베드로의 설교는 내용과 형식면에서 일치한다. 예수가 성령 체험을 한 자신의 사명 선언의 구약 성서적 근거를 이사야 61:1-2을 인용해서 밝히듯이, 베드로는 성령 체험을 한 근거를 요엘서 2:28-32 인용을 통해서 밝힌다. 누가의 의도는 "분명하다." "예수가 자신의 예언적 사명을 수행하기 위해 성령의 기름 부음을 받았듯이, 예수의 제자들은 하나님의 말씀을 선포하기 위해 말세의 선지자로 기름 부음을 받은 것이다."[28]

누가는 요단강에서의 예수의 체험과 나사렛 사명 선언문을 통해 앞으로 복음에서 전개될 예수의 사역을 미리 보여준다. "성령의 사역, 복음의 보편성, 하나님의 은혜, 예수가 배척 받는 것"은 이후의 내러티브에 모두 나오는 것들이다.[29] 마찬가지로, 누가는 예루살렘에서 제자들이 성령 충만을 체험한 후 베드로의 설교를 통해 예수 제자들이 할 일이 요엘서에 예언된 예언자의 역할이 될 것임을 미리 보여준다. 이것을 통해서 볼 때, 누가는 사도행전에 나오는 예수 제자들의 사역의 모델을 복음서의 예수의 사역에 두었다. 예수의 제자들은 예수가 했던 사역을 그대로 이어 받고 있는 것이다. 사도행전에서 예수의 제자들은 예수를 이어 받아 사역을 하고, 후속 제자들은 또 예수와 첫 제자들의 사역을 이어 받아 사역을 하는 것이다. 예수가 성령의 충만을 받고 사역을 했듯이(눅 4:1), 그의 제자들은 성령 충만을 체험하고 사역을 했고(행 2:1-4), 또 후속 제자들은 성령 충만을 받고(행 10:47) 예수와 그의 첫 제자들을 따라 사역을 하는 것이 누가가 의도한 사역 모델이다. 그것을 멘지스는 다음과 같이 잘 요약한다. "누가는 예수의 요단강 성령 체험이 제자들의 오순절 날 성령 체험의 모델로 작동하듯이, 제자들의 오순절 체험은 후속 크리스천들의 체험의 모델이라는 것을 강조하기 위해 그의 내러티브를 구성했다."[30]

둘째, 70인 제자들 파송(눅 10:1-16) 기사를 통해서 볼 때도 그렇다. 공관복음서 중에서 오직 누가복음만이 선교를 위해서 70인 제자들의 파송을 기록한다. 그런데 누가복음 10:1에 나오는 제자들의 숫자가 사본에 따라 70인 혹은 72인으로 나오며, 그 사본학적 중요성의 무게는 비슷해서 어떤 것이 원문인지 결정하기 어렵다. 그런데 이 본문은 민수기 11:24-30에 나오는 70인 장로의 성령 체험 장면과 연관성이 있는 것이다. 거기서 처음에 70인 장로에게 성령이 임했고, 후에 엘닷과 메닷이 체험함으로 결국 72인이 성령 체험을 했다. 사본을 필사한 사람들도 이러한 연관성을 알고 있었기에, 어떤 사람은 본래 성령 체험자 70인을, 또 다른 사람은 합해서 72인을 기록한 것이다. 그렇다면 두 사건은 긴밀하게 연관되어 있는 것이다. 누가는 민수기 11:29에서 모세가 말한 예언, 즉 "여호와께서 그의 영을 그의 모든 백성에게 주사 다 선지자가 되게 하시기를 원하노라."는 소원이 예수의 제자들에게 성취되었다고 본 것이다. 그렇다면 이것은 나중에 예수의 제자들이 오순절에 체험할 성령 체험을 복음시에서 예시한 것이다. 결론적으로, 70인 제자 파송은 "모든 예수의 종들에게 성령이 부어질 것과 그들이 하나님의 선교 사명에 참여할 것을 예시하는 것이다(행 2:17-18; cf. 4:31).[31]

셋째, 사도행전 2:17-21를 구속사적으로 볼 때도 그렇다. 누가는 요엘서 2:30("내가 이적을 하늘과 땅에 베풀리니")을 약간의 수정을 거쳐 인용한다. "또 내가 위로 하늘에서는 기적을 아래 땅에서는 징조를"(행 2:19). 이것은 그가 예수를 "큰 권능과 기사와 표적"(행 2:22)을 행할 자로 보여주기 위한 것이다. 그런데 이러한 "표적과 기사"라는 말은 신약 성경에서 사도행전에 가장 많이 나오는 어구로, 사도행전에서는 예수와 더불어 그의 제자들도 이런 일을 행할 인물로 그려지고 있다는 것이다(행 4:31; 5:12; 6:8; 14:3; 15:12). 즉 누가는 말세에 일어날 "표적과 기사"에 대한 요엘의 예언이 예수와 더불어 그의 제자들을 통해서도 이루어 질 것을 말하고 있는 것이다. 누가는 예수의 탄생 혹은 그의 공생애를 시작하면서 하나님의 나라가 이루어지기 시작해서 그의 재림 때까지 그의 제자들에 의해서 계속되는 것으로 보았다. 누가는 구원사를 예수의 제자들의 사역 안에서 나누지 않았다. 예수의 출현으로 새로운 구원사의 시간이 시작되고 그 시간은 예수의 재림 때까지 이어지는 것이다.[32] 그래서 오순절 사건을 특수한 사건으로 보고, 그 이후에는 그것과 다른 특수한 구원사의 한 페이지가 시작된다고 보는 것은 누가가 생각한 구원사가 아니다.

(3) 크랙 키너(Craig Keener)

키너는 사도행전의 이야기가 오늘날 교회의 삶의 모델로 읽을 수 있는지를 질문하고 대답한다. 첫째, 그는 몇몇 학자들이 사도행전의 장르가 내러티브이기 때문에 그것을 크리스천 삶의 표준으로 삼을 수 없다는 주장을 반박한다. 그들은 내러티브 장르에서는 하나님께서 역사상 어떻게 행하셨는가를 보여주지, 우리가 어떻게 행할 것인지를 보여주는 것은 아니라고 한다. 이에 대해 키너는 직접적으로 그것은 바울을 비롯한 신약 성서 저자들의 구약 성서를 읽는 방법과는 다른 것이라고 말한다. 그들은 구약에 있는 내러티브에서 우리 삶의 원리를 뽑아냈다는 것이다.

> 그는[바울은] 아브람의 믿음(창 15:6)을 모든 신자의 본으로 간주한다(롬 4장). 야고보 역시 바울의 방식과는 다르지만 마찬가지다(약 2:21-23). 이는 아브람의 모든 행위가 긍정적 본이 된다는 말은 아니다. 다만 하나님께서 의롭다고 여기셨던 아브람의 행위는 분명 우리의 본이 된다는 것이다. 마찬가지로 야고보는 예언자들과 욥의 경험을 인내의 본으로 사용한다(약 5:10-11). 그는 우리와 같은 엘리야의 인간적 성정을 알고 있지만, 바로 그 이유로 인해 하나님의 신적 행위에 대한 엘리야의 믿음을 우리를 위한 본으로서 다룬다(약 5:17-18).[33]

둘째, 키너는 오늘날 사도행전 이야기를 그대로 받아들이지 않는 은사중지론자들을 비판하면서 그들의 읽기는 비성서적이고, 초대 교인들이 성서를 읽는 방법과도 전혀 다른 것이라고 말한다. 이러한 읽기는 성서 자체가 분명히 말하는 것을 배제하면서, 신학적 추론을 기초로 하여 성경을 읽는 방식이라는 것이다. 그의 말을 그대로 빌리면, "아이러니하게도 이것은 성서 이후의 예언을 허용하기를 가장 두려워하는 강경한 은사중지론자들 스스로가 '성서 이후의 교리'를 추가하는 셈이다."[34] 키너에 따르면 어떤 장르로 기록되었는지 간에 성서를 오늘날의 삶에 모본으로 읽는 것이 성서 읽기의 기본이라고 한다. 이러한 읽기가 초기 교인들이 성서를 읽

는 방식이었고, 또 오늘날 크리스천 성서 읽기의 모델이 되는 것이다.[35]

(4) 그 외 여러 학자들

미텔스타트(Martin William Mittelstadt)는 20세기 오순절 신학 입장에서 누가-행전 연구를 리뷰한 연구서에서 사도행전이 내러티브 장르인 것이, 사도행전에서 누가의 신학을 추출해 내는데도 문제가 없으며, 동시에 사도행전의 교훈을 실천하는 것에도 문제가 없다는 주장을 펼치는 학자들을 열거하고 있다. 그는 내러티브 신학의 승리라는 제목으로 이 부분을 다루고 있다. 사도행전이 내러티브 장르인 것이 오순절 신앙과 신학을 내러티브 방식으로 표출하는 것에 근거와 전거가 된다는 것이다. 이러한 주장을 하는 학자들의 폭은 매우 넓다. 대표적인 사람들을 열거하면 키드(Ronald Kydd), 도우드(Michael Dowd), 윌리암 멘지스(William Menzies), 엘링톤(Scott Ellington), 존 토마스(John Christopher Thomas), 아처(Kenneth Archer), 쉘톤(James Shelton), 에베트(Paul Evert), 크루즈(William Kurz) 등이다.[36]

이상을 통해서 우리는 최근 오순절 신학계에서는 사도행전 기사의 역사성을 기본으로 인정하면서, 동시에 사도행전의 내러티브 장르가 그 신학을 펼치는데 아무런 장애가 되지 않으며, 그렇기에 사도행전의 기사는 바울 서신의 내용처럼, 후대의 신자들의 삶의 모델이요, 표준이라고 생각한다는 것을 알 수 있다. 이러한 신학의 정당성이 인정될 수 있다면(학계에서는 이러한 신학을 오순절 신학 혹은 은사주의 신학이라고 인정함), 하용조 목사가 주창한 "Acts 29" 운동은 최소한도로 말해 하나의 해석으로 널리 인정되고 있다. 따라서 그 성서적 정당성이 확보된 것이라고 할 수 있다.[37]

4. 나가는 말

본 장에서 우리는 하용조 목사가 주창한 "사도행전 29장" 운동의 신학적 정당성 유무를 고찰했다. 사도행전을 모델로 삼는 교회를 만들 수 있는가? 그렇게 사도행전을 모델로 삼아 이른바 "사도행전 29장"을 계속 써 내려가야 한다는 신학적 근거는 있는가? 본 장에서 우리는 이런 질문들을 했고, 이 질문들에 긍정적인 답을 했다. 사도행전을 이런 방식으로 읽어 20세기 큰 교회 부흥을 일으킨 것이 오순절 운동이다. 비록 하용조 목사는 교파로는 여기에 속해 있지 않았지만, 그 신학과 맥을 같이하여 이 신학을 목회 철학으로 받아 들여 실제 교회를 설립 운영하여 놀라운 교회 성장을 이루었고, 한국 교회와 세계 교회에 놀라운 좋은 영향을 끼쳤다. 그렇다면 그의 "사도행전 29장" 운동은 성서 신학적 정당성을 충분히 확보한 것이라 할 수 있다.

제 4장
조용기 목사의 삼중축복론

1. 들어가는 말

본 장은 영산 조용기 목사(이하 영산)의 삼중축복론(이하 축복론)을 다시 살펴보기 위한 것이다. 물론 이 주제에 대해서 논자 자신을 포함하여 여러 학자들이 이미 많이 연구한 바 있다.[1] 영산이 주장하는 삼중축복의 신학적, 선교적 의의와 (구약)성서적 전거는 충분히 고찰되었다.[2] 그런데 흥미롭게도 지금까지 영산 축복론의 핵심 근거 구절인 요한삼서 2절이 축복이라는 주제로 주석적으로 세밀하게 다루어지지 않았다. 장홍길은 영산의 축복론을 포함하여 영산 신학을 평가하는데 있어 그 무엇보다 그것의 성서 신학적 근거를 우선적으로 검토해야 할 것을 지적한 바 있다.[3] 하지만 그가 이런 제안을 한 이후에도 이에 대해서 천착한 논문이 아직까지도 나오지 않았다. 이에 논자는 영산의 축복론의 토대가 되는 요한삼서 2절을 주석적으로 고찰하고, 영산의 축복론을 정리하여, 영산

의 축복론이 과연 이 구절을 올바로 이해하고 해석해 낸 것인지를 밝혀내는 글을 발표한 바 있다.[4]

본 장은 영산 신학의 성서 신학적 정당성을 말하는 것에서 한 걸음 더 나아가 영산의 축복론을 건설적으로 발전시키는 방안을 제시하는 데 있다. 영산의 축복론은 요한삼서 2절을 한국의 종교적, 문화적 상황에 부합하게 해석해 낸 오순절 신학의 토착화 혹은 상황화의 성공적 모델이다. 그동안 이 신학의 공헌과 한계에 대한 학문적 논의가 많이 이루어져 왔다. 흔히 지적되는 것은 영산의 축복론이 당시 주창되었을 1950년대 말에는 한국 사회와 교회에 적합한 신학이었으나, 정치 경제 문화가 완전히 바뀐 21세기에는 그 신학의 유용성에 있어서 제한성이 있다는 것이다.[5]

이러한 상황에서 본 장에서 논자가 제안하는 것은 세계적 정치, 경제, 종교 상황을 염두에 두면서, 오순절 신학을 바탕으로 하여 번영론을 펼친 미로슬라브 볼프의 신학이 영산 신학의 확장재가 될 수 있다는 것이다. 영산과 볼프는 모두 오순절 교단 출신으로 성령의 현재적 역사에 대해서 열려 있으며 전통적인 교회 출신자들보다 이른바 현재적 하나님의 나라(*Kingdom Now*)를 더 중요시한다. 한국의 정황에 있는 영산에 있어서 그것은 주로 육체 치유와 경제적 번영이라면, 미국의 정황에 있는 볼프에게 있어서 그것은 세계 평화와 인간의 행복한 삶이다. 이러한 볼프의 번영론은 개인의 행복을 넘어 인류 세계를 치유하는 이론을 제시한 것으로, 이것을 활용하면 영산 신학의 내용을 21세기 상황에서 새롭게 확장할 수 있다는 것이 논자가 본 장에서 주장하려고 하는 것이다. 이것을 위해 본 장은 먼저 영산의 축복론과 볼프의 번영론을 살펴본 다음, 각각의 공헌을 정리하고, 이어서 영산의 축복론이 볼프의 번영론을 통해 어떻게 그 의미를 확장하고, 영역을 새롭게 만들어 낼 수 있는지를 보여줄 것이다.

2. 영산의 삼중축복론

1) 핵심 내용

영산이 말하는 삼중축복론은 본래 구원론과 연관하여 그가 주창한 것이다. 예수 그리스도의 구원의 영역은 영혼뿐만 아니라 환경과 육체의 건강까지도 포함한다는 것이다.[6] 또 여기서 중요한 것은 그리스도의 구원의 능력은 피안의 세계에 뿐만 아니라 차안의 세계에도 미친다는 것이다. 하나님의 나라라는 관점으로 말하면 하나님의 나라는 미래에 완성되지만, 환경의 복과 건강의 복을 통해서 지금 현재에도 실현된다는 것이다. 영생이라는 관점으로 말하면, 영생과 부활은 예수 그리스도의 재림을 통해서 완성되지만 그 능력은 현재에도 체험된다는 것이다.

먼저, 영혼의 영역 이외에 영산이 생각하는 구원의 중요한 영역은 물질세계다.[7] 영산에 의하며, 본래 물질세계는 하나님이 창조한 아름다운 세계였는데, 인간의 타락으로 인해 사탄의 지배 영역으로 넘어가게 되었다. 그런데 예수 그리스도의 구속 행위를 통해 이 세계가 다시 하나님의 자녀들에게 맡겨졌다. 예수가 십자가에서 대신 저주를 받고 가난하게 됨으로, 이제 그의 제자인 하나님의 자녀는 그 저주로부터 해방되었다(고후 8:9; 갈 3:13-14).[8] 그래서 이제 하나님의 자녀는 이 물질세계의 복을 받을 수 있다.

다음으로, 이러한 영산의 주장은 육체의 치유가 구속에 포함되는가 아닌가 하는 신학 논쟁과도 연관이 있다. 오순절 신학계는 예수 그리스도의 속죄의 영역에 치유도 포함된다고 본다.[9] 이사야서 53:4에 나오는 고난의 종이 짊어진 "질고"와 "슬픔"을 마태는 "연약한 것"과 "병"이라고 번역했는데(마 8:16-17), 이것은 곧 마태가 예수의 속죄 영역에 질병이 포함되었다고 본 증거라는 것이다. 영산도 이러한 입장에서 이 구절을 해석하고 있다.[10] 영산이 이러한 신학을 오순절 신학자들로부터 영향을 직접적으로 받은 것인지는 확인할 수 없지만, 성령의 은사를 통한 치유가 활발했던 오순절 교회의 모습 속에서 그는 자연스럽게 이러한 신앙을 갖게 되었을 것이다. 그는 예수 그리스도의 구원은 영혼의 영역에서 뿐만 아니라 환경과 몸에까지 미친다고 본 것이다.[11]

중요한 것 중 하나는 이러한 삼중축복은 그 렌즈로 신구약 성서 전체를 볼 수 있는 것이고, 또 이 주제는 실제로 신구약 성서 전체에 흐르는 중요한 주제라는 것이다.[12] 그 근거로 영산이 제시하는 것은 성서에 계시된 하나님은 근본적으로 좋으신 하나님이다. 하나님은 좋으신 하나님이기에, 그는 그의 형상대로 창조된 피조물인 사람에게 결국은 선하게 대하고, 인간이 잘 되기를 바란다는 것이다. 하나님은 인간에게 만물 속에서 만물을 다스리고, 만물을 누리는 창조 명령(창 1:28)을 한 분이라는 것이다.

2) 성서적 근거

영산이 삼중축복론의 근거로 드는 핵심 성서 구절은 요한삼서 2절이다. 이 구절이야 말로 영혼의 복만이 아니라 환경의 복과 육체의 질병 치유의 복을 말하는 구절이라는 것이다. 또 이 구절은 단순한 성서의 한 구절이 아니라 성서 전체를 해석할 수 있는 열쇠 구절과 같다는 것이다. 영산은 성서의 모든 구절을 이 구절과 연관하여 해석할 수 있다고 보았을 뿐 아니라 이 구절이야 말로 성서의 핵심 진리를 내포하고 있다고 보았다.[13] 또 그는 영혼의 구원이 범사에 형통하는 것과 육체의 질병 치유에 근원하고, 우선한다고 주장했다.[14]

이 구절에 대해 흔히 하는 오석 몇 가지를 바로 잡아야 할 것이다. 첫째, 여기서 "영혼"은 육체와 대비되는 인간의 기관을 지칭하지 않는다. 이전 연구에서 나는 이것을 다음과 같이 정리한 바 있다.

> 문제는 여기서 말하는 영혼이 무엇인가 하는 것이다. 여기에 사용된 단어는 영(πνεῦμ 프뉴마)이나, 정신(νοῦς 누스)이 아니라 영혼(ψυχή 프쉬케)이다. 사람을 영, 혼, 육의 삼분법으로 이해한 상태에서 '푸쉬케'는 육이 아닌 영혼을 가리킨다고 흔히 이해해 왔다. 하지만 '푸쉬케'는 신약 성서에서 전반적으로, 특히 요한복음에서는 육과 대치하는 영혼을 나타내는 것으로 쓰이지 않았다. 신약 성서에서 이것은 전인으로서의 인간 개체를 의미한다(막

3:4; 눅 6:9; 고전 15:45; 계 16:3). 요한복음과 요한일서의 "목숨(프쉬케)을 버리다"라는 어구에서처럼, '푸쉬케'는 목숨 혹은 생명이라는 의미로 주로 쓰인다(요 10:11, 15, 17, 18; 13:37, 38; 15:13; 요일 3:16). 이 절에서 '푸쉬케'의 잘됨이 육체 건강의 근원이 된다는 면에서, 이것을 그리스도 안에 있는 소중한 인격의 내면인 영혼이라고 번역하는 것이 불가능한 것은 아니다(요 10:24; 12:27). 그러나 이것이 육체와 분리된 인간의 어떤 부분을 표현하는 말이라면, 이것은 요한3서 저자인 장로가 의도했던 바가 아니다. 목숨 혹은 생명이라는 뜻에서 쓰인 것과 같이 요한에게 '푸쉬케'는 전인이라는 의미에서의 인간 개체다. 즉 장로가 축복한 것은 가이오 전인이 지금 올바른 상태에 있는 것처럼, 그의 외부 세계와 몸도 그러한 올바른 상태에 있는 것이다.[15]

둘째, 개역개정판에서 "간구하노라"라고 번역된 '유코마이'(εὔχομαι)는 본래 단어의 뜻보다 강한 어조의 번역이다. 일반 용례에서 이 단어는 바람이나 소망의 뉘앙스로 쓰인다. 또 이 단어는 "기도하다"라고 번역하는 것도 적절해 보이지 않는다. 왜냐하면 그것에 해당하는 적절한 헬라어 단어 '프로슈코마이'(προσεύχομαι)가 있기 때문이다. 한 마디로, 이 단어는 발신자가 수신자에게 어떤 기원을 하는 것을 표현하는 것이지, 그것을 강력하게 비는 형태의 말은 아니다.

셋째, 본 구절은 우선적으로 문맥과 정황에 맞게 이해되어야 한다. 문맥에서 보면 본 구절은 편지의 서두 인사에 포함되어 있다.

일반적으로 편지의 서두 인사에는 그 서신의 핵심 내용이 포함되지 않는다. 물론 이 인사말에 저자의 신학이 깊이 내포되어 있을 수 있지만-나는 그렇게 생각한다-본 서신에서는 이 구절이 저자가 핵심적으로 말하려고 하는 문맥에 있는 것은 아니다. 또 역사적 정황으로 보면, 여기서 "네 영혼이 잘됨"은 "네가 진리 안에서 행한다"(3절)는 말과 연결되어 있고, 그 내용은 일면식이 없었던 동료 신자들에게 베푼 호의와 환대였다(5-8절). 저자인 장로는 수신자인 가이오가 동료 신자들에게 호의를 베풀었다는 말을 듣고 기뻐했고, 그것이 곧 가이오가 지금 잘 되고 있는 상태라고 본 것이다.

3) 정황

무엇보다 영산은 성서 신학자들이 하는 세세한 단어 연구나 문맥을 살펴 요한삼서 2절을 주석했다기보다는, 목회 해석자로서 자신이 처한 상황에서 이 구절을 구체적인 목회적인 상황 속에서 적용하는 해석을 했다.[16] 당시 그 자신과 주변이 처해 있는 절체절명의 상황은 절대 가난과 질병이었다. 영산 자신도 폐병으로 인해서 죽을 고비를 기적적인 신유로 고침을 받았고, 당시 일반적이었던 가난을 짊어지고 있었다. 그가 목회했던 1950년대의 불광동 사람들이 처했던 상황은 그 자신이 처했던 상황과 유사했다. 문제는 전통적인 교회는 이들에게 주로 영적이고 타계적인 내용만 복음으로 선포했다는 것이다. 이러한 상황 속에서 영산은 그들에게 적합한 성경의 복음을 발견하기 위해 고민하던 중 요한삼서 2절을 목회적 적용을 한 해석을 내놓았는데, 그것이 바로 삼중축복이었다.[17] 권미선과 신문철은 이러한 영산의 해석 방법이 일종의 미드라쉬적 성서 해석 방법이라고 한다.[18]

3. 볼프의 번영론

1) 핵심 내용

볼프는 번영을 모든 인간, 특히 크리스천 삶의 요체로 본다. 그에 의하면 "그리스도의 통치와 성령의 임재의 목적"이 바로 번영이다.[19] 그는 번영에 세 가지 요소가 있다고 한다. 첫째, 그것은 "삶을 잘 이끄는 것(leading life well)"이다.[20] 이것은 크리스천이 하나님의 말씀에 의해 삶을 잘 살아내는 것이다. 그 하나님 말씀의 핵심은 신약 성서에 있는 사랑 명령이다(마 22:37-40; 요 14:31; 롬 12:9-10; 요일 4:21).[21] 둘째, 그것은 "잘 풀리는 삶(life going well)"이다.[22] 이것은 삶의 환경에 대한 것이다. 병들고, 억압받고, 귀신 들린 것은 좋지 않는 삶의 환경이다. 예수의 사역은 이러한 환경을 걷어내고, 그의 제자가 샬롬을 누리게 하는 것이었다. 하지만, 이것은 편안한 삶만을 의미하는 것이 아니라 어떠한 환경 가운데서도 하나님의 평강을 유지하는 것을 의미한다.[23] 셋째, 그것은 "기분 좋은 삶(life feeling well)"이다.[24] 이것은 "번영의 정서적" 측면을 나타내는 것인데, 그것은 다름 아닌 기쁨이다.[25] 이 기쁨은 예수 사역 전체를 아우르는 특징이었을 뿐만 아니라, 그의 제자들의 삶의 특징이기도

했다. 이것은 또한 어떤 사람이 크리스천 번영의 삶을 누리는지 아닌지에 대한 바로미터이기도 하다.

볼프가 주장하는 핵심은 이러한 번영이 크리스천의 공적인 삶에서 나타나야 한다는 것이다.[26] 그의 책 원 제목인 '공적 신앙'(A Public Faith)과 '행동하는 공적 신앙'(Public Faith in Action)에 그의 생각이 반영되어 있다. 첫째, 『광장에서 선 기독교』(A Public Faith)에서 그는 이렇게 신앙이 공적이 삶에 나타나는 것이 바로 예언자적 종교 중 하나인 기독교의 특징이라고 설명한다. 예언자적 종교는 하나님께로의 상승과 인간에게로의 회귀가 있다는 것이다. 물론, 현실 기독교에서는 상승과 회귀의 영역 각각에서 기능 장애가 발생한다는 것이다. 상승 기능 장애는 하나님과 실제적 만남이 없는 것과 교묘한 우상 숭배를 들 수 있고, 회귀 기능 장애로는 신앙의 나태와 강요가 있다.[27] 올바른 기독교는 이러한 장애들을 극복하고 하나님을 사랑하고 이웃을 사랑하는 번영의 종교가 되어야 한다는 것이다.[28]

둘째, 그는 『행동하는 기독교』(Public Faith in Action)라는 책은 공적 신앙의 이론을 구체적으로 적용하는 것에 관해서 쓴 것이다. 볼프와 그의 제자 메커널리린츠(Ryan McAnnally-Linz)는 기독교의 현실 참여와 인간의 번영이 부, 환경, 교육, 일과 안식, 가난, 대출과 대부, 결혼과 가정, 새 생명, 건강과 질병, 노후의 삶, 생의 종말, 이주, 치안, 형벌, 전쟁, 종교와 무종교의 자유라는 주제뿐만 아니라 인간의 성품인 용기, 겸손, 정의, 존중, 긍휼 등에서 어떻게 나타나야 하는 지를 구체적으로 설명한다.[29]

셋째, 그는 『인간의 번영』이라는 책에서 기독교인에게 뿐만 아니라 모든 인간에게 번영의 원리를 적용한다. 현대에 인간의 번영을 가로 막는 것으로 흔히 언급되는 것은 지구화와 종교 간의 폭력이다. 그는 지구화는 번영의 장애가 될 수도 있고, 도움이 될 수도 있다고 보았다 그는 본서에서 지구화 시대, 다종교 사회에서 종교 간의 갈등으로 폭력이 빈번하게 발생하는 상황에서 한 종교를 믿는 사람들이 자신의 본질을 잘 유지하면서도 다른 종교 신봉자들과 어떻게 잘 어울려 살아 번영을 이루어 낼 수 있는지를 다룬다.[30] 그는 종교적 배타주의는 정치적 배타주의를 낳는다는 주장을 반박하면서, 종교적 배타주의와 정치적 다원주의가 양립할 수 있다고 주장한다. 기독교인에게 이것을 적용하면, 기독교인은 예수 그리스도를 통한 유일한 구원을 주장하면서도 정치적으로는 다원주의의 입장을 취해서 다른 일반 시민들과 평화롭게 살 수 있다는 것이다.[31] 결국 그의 주장은 지구화 시대에 종교들은 서로 심각한 갈등을 겪지 않고 상호 공존하는 번영을 누릴 수 있다는 것이다.

넷째, 볼프는 『알라』라는 책에서 위에서 말한 종교 간의 평화 문제를 기독교와 이슬람교에 관계해서 특별히 다루고 있다. 그는 이슬람교에 구원에 있다고 믿지는 않지만, 기독교가 믿는 하나님과 이슬람교가 믿는 알라가 같은 신이라고 본다. 이러한 이해는 자신이 믿는 번영론에 부합한다고 본다.

> …기독교인과 무슬림은 공통의 신을 믿으며 신을 유사하게 인식한다는 주장은 (1) 그들 사이에 폭력을 일으키는 종교적 동기의 정당성을 제거하며, (2) 상대방을 배려하고 우리가 함께 살아가는 하나의 세상에서 어떤 것이 공공선을 가져올지 진지하고 지속적인 논의에 참여하게 만드는 동기를 부여한다.[32]

물론 이러한 볼프의 주장은 많은 논란을 불려 일으켰다. 한 가지 분명한 것은 종교 다원주의자들과는 달리 그는 이 문제를 구원 문제와는 연결시키지 않는다는 것이다. 그가 선 자리는 한 마디로, 종교적 배타주의와 정치적 다원주의다. 그가 주창하는 것은 종교적 배타주의를 물리치자는 것이 아니라 오히려 그것은 인정하되, 정치적으로는 타 종교를 인정하여 평화로운 삶을 유지하자는 것이다.[33] 『인간의 번영』이라는 책에서 그가 보여주고자 했던 것은 "…어떻게 하면 세계 종교들이 평화롭게 살면서 더 나은 지구의 미래를 위해 기여할 수 있는지"이다.[34] 그는 이러한 입장을 갖는 것이 현대를 사는 사람들의 번영하는 삶을 위해 중요하다고 본다.

2) 성서적 근거

볼프는 위와 같은 번영은 요한복음 10:10에 나오는 "양으로 생명을 얻게 하고 더 풍성하게 얻게 하려는 것"이라고 말한다.[35] 예수의 제자가 예수를 믿어 이 땅에서 생명을 얻을 뿐만 아니라(요 3:16), 더 풍성하게 얻는 것 그것이 바로 번영이다. 번영은 죽어서가 아니라 이 땅에서 예수로 인해서 얻어지는 것이다. 그런데 이러한 삶을 지상에서 가능하게 하는 분은 모든 신자에게 주어진 성령이다. 그리고 이러한 성령 안에서의 삶을 통해서 신자는 "의와 평강과 희락"을 이 땅에서 누리게 된다(롬 14:17).[36] 이것이 바로 번영의 삶을 보여주는 것이다.

성령 안에서 누리는 의는 볼프가 말하는 "삶을 잘 이끄는 것"을 말하는 것이고, 성령 안에서 누리는 평강은 잘 풀리는 삶을 지칭하고, 성령 안에서 누리는 희락은 "기분 좋은 삶"이다. 이것은 신구약 전체를 통해서 말하는 성경의 3대 명령과도 관계가 있다. 첫째, 희락의 삶은 하나님의 창조 명령(창 1:28)과 관계가 있다. 이것은 하나님이 인간에게 부여한 행복 명령이요, 문화 명령이다. 둘째, 평강의 삶은 삶을 그렇게 만드는 것과 관계가 있다. 이것은 사람이 피조물인 것을 잊어버리고 자신이 주인이 되어 사는 사람에게 복음을 전하는 것과 관계가 있다. 곧 이것은 대위임령(마 28:18-20)이다. 셋째, 성령 안에서 누리는 의는 앞에서 말했듯이 다름 아니라 사람을 사랑하는 것이다. 이것은 복음서와 서신서 전체에 퍼져 있는 사랑 명령이다(요 13:34).

그런데 볼프가 위와 같이 성서 본문을 단순히 주석하는 것에서만 자신의 신학을 펼치는 것은 아니다. 그는 신학은 두 가지 맥락이 있어야 하는데, 하나는 정경적 맥락으로 본래 성서 본문에 나타난 맥락이고, 다른 하나는 현대적 맥락으로 현재적 외부 상황이다. 정경적 맥락에서 중요한 것은 "예수 그리스도에 관한 신약 성경의 증언에 비추어 성경의 모든 부분을 읽는 일과, 성경 전체에 비추어 예수 그리스도에 관한 신약의 증언을 읽는 일"이다.[37] 또 그는 현대적 맥락에서 중요한 요소로 "민주주의적 이상"과 "복잡한 사회 체계"와 "기술의 발전"을 든다.[38] 이러한 맥락적 성서 읽기의 전략에 따라 볼프는 위와 같은 인간의 번영론을 펼친 것이다.

3) 정황

볼프가 인간 혹은 크리스천의 번영을 주창한 그의 사상의 근원적인 뿌리는 그의 아버지에게서 영향 받은 오순절 신앙이다.[39] 볼프 자신이 오순절 신앙의 특징을 설명해 내는 용어대로 전통적인 기독교가 피안의 세계의 하나님의 나라에 주 관심을 두었다면, 오순절 신앙은 차안의 세계에 임하는 하나님의 나라(Kingdom Now)에도 큰 관심을 기울였다.[40] 거기에 오순절 신앙은 영혼의 구원뿐만 아니라 육체와 환경까지 포함한 전인적 구원을 말하는 경향성이 있다. 볼프의 사상 기저에는 이러한 오순절 신앙이 자리 잡고 있다.

볼프가 인간의 번영을 주창한 데는 구체적인 개인적, 사회적 정황이 있다. 먼저, 그는 개인적으로 공산주의가 지배했던 구 유고슬라비아에서 태어나 공산주의 기독교 핍박을 당했고 인종과 종교적 갈등으로 인한 사람들 간의 폭력을 목도했다. 그는 정치든 종교든 전체주의가 얼마나 사람을 불행하게 하고 하나님이 부여한 인간의 번영을 가로 막고 있는지를 체득한 것이다.[41] 다음으로, 볼프가 미국에 이주해 와서는 그의 신학의 정황은 개인적인 정황을 넘어 세계의 정치와 문화와 종교가 된다. 지구화와 함께 종교로 인한 폭력, 분리, 미움 등이 전 세계적으로 퍼지는 상황에 처해 있다.[42] 특히 지난 30년간 기독교와 이슬람의 충돌은 전쟁과 폭력으로 이어졌고, 이러한 경향성은 앞으로도 계속 일어날 전망인 상황에서, 볼프는 이것을 피할 수 있는 나름대로의 대안을 제시한다. 그것은 각각의 종교가 자신의 신념에 충실하면서도, 정치적으로는 타 종교를 인정하는 것으로 가는 것이다. 그는 기독교를 예를 들어, 기독교의 기본 정체성이 종교적 배타주의와 정치적 다원주의를 취할 수 있음을 보여주려 했다.

또 한 가지 볼프가 크리스천의 번영과 인간의 번영을 말하면서, 폭력을 피할 수 있는 대안을 제시하면서 중요하게 생각한 것은 냉담자들에게 기독교의 진리를 변증하는 것이다.[43] 세계적인 현상인 종교, 특히 기독교에 대한 사람들의 냉담함에 대해서 볼프는 기독교가 번영의 종교이며, 그 번영은 단순히 개인의 필요를 만족하게 해주는 것이 아니라, 이 세계의 문제에 참여하여 세상을 변화시키는 것이라는 것을 보여주려 한다. 그는 기독교가 폭력적으로 다른 종교를 자신의 종교로 끌어들이는 종교도 아니며, 또한 교회 밖에서 일어나는 일에 대해서는 냉담한 종교도 아니라고 한다.

4. 볼프의 번영론 도입을 통한 영산의 축복론의 확장

1) 영산의 축복론의 공헌

영산의 축복론은 하나님 나라의 현재적 실현에 그 핵심이 있다. 그는 요한삼서 2절을 자신의 상황에서 신학적 해석을 하고 있다. 그렇다면 이러한 신학적 해석이 정당한 것인가? 영산의 축복론에 대한 평가는 엇갈린다. 오랫동안 이 신학은 샤머니즘에서 기원했다는 비판을 받았다.[44] 또 이것은 부정적 의미로 번영 신학이라는 비판을 자주 받았다.[45] 사이먼 찬(Simon Chan)은 삼중축복의 신학은 기복주의로 불릴 수 있는 위험성이 있을 뿐 아니라, 하나님의 나라 관점에서 보면 '실현된 종말론' 성격이 강하여 미래의 하나님 나라와의 긴장이 깨어질 위험성을 내포하고 있다고 비판한다.[46]

논자가 보기에는 영산의 축복론은 샤머니즘의 영향이라기보다는 성서 진리의 상황화 신학이다. 영산이 처했던 목회 정황에서 삼중축복이 주창되었을 때, 이 신학은 정황에 부합한 신학이었다.[47] 신약 성서는 하나님 나라의 현재적 측면과 미래적 측면을 각 저자가 모두 말하고 있다. 공관복음서와 바울 서신에서는 이 두 측면이 긴장을 이루고 있다면, 요한복음에서는 현재적 측면으로 기운다. 각 저자는 상황에 따라 두 측면에서 균형을 이루든지 아니면 한 측면을 강조한 것이다. 영산도 요한처럼 현재적 측면을 강조한 것인데, 그것은 당시 한국 교회 일반이 현재적 측면을 도외시했기 때문이다. 그래서 영산이 처한 정황에서 현재적 측면의 하나님 나라를

부각시킨 것이다.⁴⁸

1950-70년대 가난과 질병에 시달리던 한국의 교인들에게 육신의 건강함과 일상생활에서의 형통함이 영생의 복의 영향이라고 말했다는 면에서 영산의 외침은 시의적절 했던 것이었다. 주류 한국 교회가 주로 타계적인 천국의 삶을 영생의 복이 구현되는 유일한 영역이라고 가르친 상황에서 영산의 축복론은 그 의의가 충분히 있었다고 할 수 있다. 하지만, 신자유주의의 경제 체제하에서 이 이론을 정밀한 신학화 작업을 하지 않고 그대로 주장할 때, 가난하게 된 것은 저주 받은 것이요, 어떻게든 부자가 된 것은 복 받은 상태가 된 것이라고 오해할 수 있다. 그렇다면 본래의 상황에서는 복음이었던 것이, 새로운 상황에서는 억압의 기재로 사용될 수 있는 것이다. 그런 면에서 영산의 축복론은 새로운 상황을 맞아 정밀한 신학화 작업을 통해서 새롭게 주창되어야 할 것이다.⁴⁹

영산의 본래 정황이 아니라 그 이후 새로운 상황에서 영산의 축복론이 앵무새처럼 반복되어 온 것은 이것이 본래 상황화 신학이었나는 것을 주장사들이 정확히 이해하지 못한데서 나온 것이다. 요한삼서 2절에 대한 주석과 또 현 한국 사회에 대한 면밀한 분석을 통해, 새로운 상황에 맞게 새롭게 재단장된 개정판 혹은 확장판 축복론이 요청된다.⁵⁰

2) 볼프의 번영론의 공헌

볼프의 번영론은 성서적이며 동시에 상황적이다. 이것이 성서적이라는 것은 그는 이 이론을 순수하게 신구약 성서의 본문을 주석해서 끄집어냈다는데 있다. 그는 여러 곳에서 번영론이 성서가 핵심적으로 말하는 진리임을 잘 보여주고 있다. 그럼에도 불구하고 이것이 상황적이라고 할 수 있는 것은 그가 이 이론을 발전시키는데 있어서, 단순히 성서에서 이 이론을 끌어낸 것만이 아니라는 데 있다. 그는 20세기 후반부터 전 세계의 주요 문제가 된 종교 갈등으로 인한 폭력의 상황에서 이 신학을 확장하고 있다는 것이다. 그는 단순하게 크리스천의 번영만을 말하는 것이 아니라 인간 전체의 번영을 말하고 있다.[51]

볼프의 공헌 중 하나는 현대 사회가 처해 있는 여러 종교적 문제를 오늘의 삶의 현장에서 성서 본문을 주석하여 기독교인들 혹은 일반인들이 받아들일 수 있는 이론을 그 어떤 사람보다도 잘 만들어 낸다는 데 있다. 그의 글은 순수하게 학문적인 것도 있지만,[52] 일반인들을 대상으로 깊은 신학의 진리를 자신의 경험과 엮어 내러티브로 전개하는 것들이 많다.[53]

또 우리의 연구에 있어서 중요한 사항 중 하나는 일반적으로 이 세상에서 물질적 영역에서와 몸의 치유에서의 잘 됨을 말하는 신학을 번영 신학이라고 비판하는 신학자가 많은 상황에서,[54] 볼프는 개인의 번영을 넘어 인류 보편의 번영을 말한다는 데 있다. 그래서 그의 번영론은 개인주의에 함몰되지도 않으면서도, 개인과 인류의 번영을 동시에 말한다. 그래서 그의 신학은 결국 기쁨이라는 주제와 엮여져 있다.[55] 번영의 삶은 어떠한 삶의 상황 가운데서도 기쁨을 잃지 않는 것이다. 이것이 이른바 십자가의 신학이나 청교도 신학에서 흔히 간과된 것이다. 이것은 오순절 신앙에 뿌리를 둔 성령 안에서 누리는 기쁨(롬 14:17)이다. 볼프는 번영의 주제를 성서에서 찾아 오늘의 현장의 진리로 엮어 내고 있다. 특히 20세기 말과 21세기에 가장 뜨거운 이슈인 종교적 신념의 충돌에 따른 전쟁과 폭력의 이슈를 그는 성경에 나오는 번영이라는 개념으로 다루고 있다.

3) 영산의 축복론의 창조적 발전을 위해

우선 영산의 축복론과 볼프의 번영론은 상당한 정도의 공통점이 있다. 첫째, 두 신학 이론 모두 육체적 질병이나 종교적 박해를 경험한 사람들의 구체적인 삶의 현장에서 나온 것이다. 영산은 자신과 주변에서의 가난과 질병의 문제에 대한 성서적 해답으로 축복론을 들고 나온 것이고, 볼프도 자신이 경험하거나 목도한 종교적 갈등으로 인한 폭력에 대처하는 신학을 만든 것이다. 둘째, 영산의 축복론과 볼프의 번영론 모두 하나님 나라의 현재직 실현(Kingdom Now)에 그 초점이 있다. 또 오순절 신학은 구원의 물질화가 그 특징 중 하나인데, 축복론과 번영론 모두 영적인 영역에서만이 아니라 그 넘어서의 영역까지 구원의 개념을 확대한다. 이것은 전통적인 신학과는 구별되는 것이다. 셋째, 성서 해석 방법에 있어서 양자는 모두 정경적/상황적 성서 해석 방법을 쓴다. 양자는 모두 그 신학의 본래 성서의 원의와 정황에 근거해야 한다고 보면서도, 그것은 또한 현재의 정황에서 읽어야 한다고 본다. 이것

또한 넓게 보면 말씀의 해석에 있어서 성령의 인도를 강조하는 오순절 신학에서 흔히 볼 수 있는 것이다. 넷째, 두 신학 모두 번영에 관심이 있다. 영산의 축복론은 일종의 크리스천 번영론이고, 볼프의 번영론은 인간 모두가 복을 향유하는 일종의 축복론이다. 그런데 이렇게 두 신학이 많은 점에서 일치하는 것은 두 신학의 신학적 뿌리가 오순절 신학이라는데 있다. 영산의 신학은 철두철미하게 오순절 신학적이고, 볼프도 오순절 교회 목회자였던 부친의 사상의 영향을 강하게 받았다.

이렇게 영산의 축복론과 볼프의 번영론은 서로 상당히 중요한 점을 공유하면서 신학에 있어서 상호 확장재가 될 수 있다. 두 신학이 오순절 신학이라는 같은 뿌리에서 나왔고 새로운 상황에 따라 각각의 신학을 새롭게 할 수 있는 것이다. 영산의 신학에 대해서 말하면, 지금까지 축복론의 약점으로 흔히 지적되어온 개인 기복에 치중하는 문제, 개인 치유에 집중하는 문제, 개인 구원에 치중하는 문제 등이 볼프의 번영론을 도입하면 쉽게 극복된다. 볼프의 번영론이 개인의 행복에 관한 것이지만, 동시에 공동체적 성격이 강하기 때문이다. 그의 번영론은 개인 번영에서 출발하지만 또한 사회 변혁적이다.[56] 또 영산의 신학이 흔히 영광의 신학이라고 비판받고 있는 상황에서 볼프의 번영론은 십자가 신학과 기쁨의 신학이 상호 배제하는 것이 아니라는 것을 보여주어 영산의 축복론을 방어해 줄 수 있다. 결국, 21세기 상황에 보다 부합한 볼프의 번영론을 받아들이면 영산의 축복론은 그 의미를 확장시킬 수 있고, 보다 균형 잡힌 신학이 될 수 있다.

이렇게 볼프의 번영론에 의해서 확장된 영산의 축복론은 사실 요한삼서 2절의 문맥에서도 볼 때도 매우 좋은 주석에 의한 결론이다. 문맥에서 보면 영혼의 잘 됨이라는 것은 다른 사람과 올바른 관계를 맺고 있는 상태이며, 타인(특히 동료 그리스도인)과의 평화의 관계 속에 있는 것이 건강과 만사형통에 대한 기원을 받을 수 있는 조건이다. 논자는 요한삼서를 축복과 관련하여 주석하면서 다음과 같은 결론을 얻은 바 있다.

> 요한3서 1:2에서 장로가 가이오에게 축복한 것은 "영혼이 잘 됨 같이 범사에 잘 되고 강건"하게 되는 것이다. 여기서 영혼이 잘 되는 것은 다른 말로 하면 "진리 안에서" 사는 것이다(3-4절). 그리고 그것이 구체적으로 나타나는 것이 사람, 특히 동료 크리스천에 대한 태도다. 가이오는 동료에게 환대를 보여주었지만(5-8절), 디오드레베는 자신의 욕심에 따라 그러한 환대를 하지 않았다(9-11절). 본문에서 저자가 보여주려고 했던 바는 가이오가 바로 영혼이 잘 되는 복 받은 삶을 사는 모범적인 예이고, 디오드레베는 그 반대의 예라는 것이다. 결국 영혼이 잘 되고 있는 증거는 다른 사람에 대한 태도와 행동 속에 나타나는 것이다. 다시 말해 어떤 사람이 복 받았는지 여부는 다른 사람에 대한 행동에 의해서 증명되는 것이다.[57]

이렇게 보면 영산의 축복론이 근거하고 있는 요한삼서 2절을 그 문맥과 정황에서 해석하면 지금까지 축복론이 가지고 있던 개인이 받은 복 개념에서 타인에 대한 관계 속에서 얻는 복으로 그 의미를 확장시킬 수 있는 것이다.

5. 나가는 말

지금까지 우리는 영산의 축복론과 볼프의 번영론의 핵심 내용과 성서적 근거와 그 삶의 자리를 분석해서 두 신학이 오순절 신학이라는 같은 뿌리에서 나왔기에 하나님 나라의 현재적 측면을 중요시 하는 것과 신자가 이 땅에서 그 복을 누리는 것이 정당하다는 것 등 상당한 정도의 공통점이 있다는 것을 밝혀냈다. 또한 개인에 대한 관심과 사회에 대한 관심 등 각각의 주 관심사가 다른 것은 그 신학을 배태한 상황의 다름에서 나온 것이라는 점도 알았다. 오순절 신학이라는 같은 뿌리에서 나와 하나님 나라의 현재화와 구원의 물질화 신학이라는 공통된 토대 위에 있는 영산의 축복론과 볼프의 번영론은 상호 확장재가 될 수 있다. 영산 신학의 입장에서 볼 때, 볼프의 번영론은 영산 신학의 보완재 및 확장재로 쓰일 수 있고 그러한 과업은 미래의 영산 신학을 위해 긍정적 결과를 낳을 것이다.

신학이 현재의 사람들을 위한 것이라는 측면에서 모든 신학은 상황화 신학이고, 또 신학은 상황화 되어야 한다. 문제가 되는 것은 그러한 한 신학이 절대화되는 것이다. 좋은 신학이란 새로운 상황에서 성서와 이성과 전통을 사용해서 스스로를 변화시키고 새롭게 하거나 아니면 또 다른 상황화 신학을 만들어 내는 것이다.

영산의 삼중축복의 신학은 본래 주창되었을 때의 구체적인 상황이 명확한 신학이다. 21세기 지구화 시대라는 상황에서, 또 한국 교회의 상황에서 이 신학은 또 다른 상황화가 필요하다. 볼프의 번영론은 그 과업을 위한 매우 중요한 자원이 될 수 있다.

제 5장
이상근 목사의 요한 교회론

1. 들어가는 말

    이상근 목사(1920-1999)는 박윤선 목사와 함께 신구약 성서 전권을 주석한 오직 두 명 밖에 없는 한국인 신학자였으며, 동시에 지역을 대표하는 교회에서 평생 자신이 주석한 것을 설교로 풀어낸 목회자이기도 했다. 그가 요한 신학에 대해서 쓴 박사 학위 논문 이후 학술 논문을 쓰지 않았고, 학술적인 일에만 전무한 것도 아니었기 때문에 그를 전문 성서 학자로 보기는 어렵지만, 교회에서 성경 강해를 하면서 성경 각 책에 대한 주석서를 썼다는 면에서 그는 목회적 주석 학자라고 할 수 있다.

    현재 한국 신약 학자들이 신약 각 책의 주석 문제를 다룰 때 이상근의 주석서와 학술적 대화를 하는 것은 드문 일이지만,[1] 일반 목회자들은 설교할 때 그의 주석을 지금도 애용하고 있다.[2] 그래서 사실 목회자에 대한 영향력에 있어서 이상근의 주석은 그 어떤 전문 신약 학자가 쓴 주석서의 영향력보다 크다. 목회자에게 그의 영향력이 큰 것은 성서 전 권에 대한 주석을 해서, 하나의 일관된 사상으로 성서 전체를 볼 수 있게 했다는 점과 그 자신이 목회자였기에 그의 주석서가 목회자가 사용하는데 편리하도록 집필되었다는 점에서 찾을 수 있을 것이다.

목회 주석 학자로서의 이상근의 사상은 그 영향력이나 내용 면에서 충분히 연구할 가치가 있는 것이다. 실제로 지난 10여 년간 이상근 목사의 신앙과 신학에 대한 학문적 논의가 활발히 이루어져 왔다.[3] 학술 세미나의 일환으로 2016년 11월에는 그가 쓴 주요 주석서에 나타난 교회론을 주제로 세미나가 열렸다.[4] 그 발제는 본래 그 세미나의 발제의 하나로 제출되었던 것으로 그의 요한복음 주석서에 나타난 교회론을 연구한 것이다.

본 장의 목적은 이상근의 요한복음 주석에 나타난 교회 이해를 찾아내어 그 신학적 가치를 평가하는 것이다. 그런데 이 과제를 수행하는데 있어 한 가지 난점은 요한복음을 주석하면서 이상근이 교회론직 주제를 별도로 체계적으로 다룬 적이 없다는 것이다. 그는 삼위일체론, 성령론, 성육신론 등은 별도로 보론의 형식으로 다루었지만 교회론에 대해서는 따로 떼어서 체계적으로 취급하지 않았다. 하지만 교회론 주제 본문을 다루면서 그가 교회에 대해서 말하기 때문에 그것을 통해서 그의 교회론을 뽑아내는 것은 어려운 일이 아니다.

본 장의 핵심 자료는 이상근의 요한복음 주석서다.[5] 그가 쓴 책에는 신약 여타 책 주석서와 설교집과 자서전이 있지만, 그것은 본

연구에 있어서 보조 자료다.[6] 본 장에서 우리는 그가 쓴 요한복음 주석서에서 요한복음에 나타난 교회를 어떻게 이해했는지를 고찰해 볼 것이다. 그러기 위해 우선, 그의 요한복음 연구의 기본 전제를 정리하여 그가 어떤 방식으로 요한복음을 연구하는 지를 알아볼 것이다. 다음으로, 우리는 요한복음에서 흔히 교회론 본문으로 인정된 본문에서, 그가 교회를 어떻게 이해하고 있는지를 파헤쳐 볼 것이다. 그것을 바탕으로 현대 요한 신학에서 교회론을 다룰 때 흔히 하는 주요 질문을 통해서 그의 교회론 이해가 어떤 입장에 속해 있는지를 알아볼 것이다. 마지막으로, 이 글은 이러한 그의 교회론의 신학적 의의를 찾아볼 것이다.

2. 이상근과 요한복음

요한 신학은 이상근 신학의 핵심이다. 그의 석사, 박사 학위 논문의 주제가 각각 요한복음의 신론과 기독론이었고, 그의 첫 주석서가 요한복음이었기에 이것은 그의 핵심 사상에 속한다. 또 그의 요한복음 주석서는 당시로서는 고도의 학문성을 지닌 것이었다. 한국신약학회가 창립된 해인 1961년은 한국 신약학의 태동기인데, 이때 나온 이 주석서는 원문 비평을 포함하여 여러 면에서 한국 신약학계를 선도하는 것이었다. 그러기에 이 주석서에서 한 신학적 주제를 분석해 내는 것은 학문적으로 의미 있는 일일 것이다.

1) 특징과 중요성

이상근에게 있어 요한복음은 "성경의 면류관"이다.[7] 그 이유는 요한복음은 성서의 핵심 진리를 쉬운 말로 표출하고 있기 때문이다. 그는 요한복음에 대한 전통적인 별칭인 독수리 복음서, 영적 복음서라는 말뿐만 아니라 학계에서 통행되는 제4복음서라는 명칭을 쓰기도 한다. 그가 요한복음의 특징을 설명하는 데 있어서 독특하게 쓴 용어는 "동적(動的) 복음서"다. 그 뜻은 요한복음은 신학을 어떤 명제 혹은 명사 형태로 표출하는 것이 아니라, 각 개인이 예수에 대한 신앙을 직접 표출하는 것을 보여주는 동사적 신학으로 표출되어 있다는 것이다. 요한복음에는 믿음이나 지식이라는 명사보다는 '알다'와 '믿다'라는 동사가 주로 쓰이는 것이다.

2) 개론적 문제

민지, 이상근은 요한복음 저자 문제를 자세히 다루면서 저자를 사도 요한이라고 주장한다. 요한복음 표준 주석서의 하나로 1966년에서 1970년에 걸쳐 나온 주석서에서 브라운(R. E. Brown)도 이러한 입장을 견지했던 것을 볼 때 이것이 당시에 이러한 입장은 단순한 보수적인 학자들의 견해만은 아니었다. 이상근은 학문적 연구를 통하여 이러한 입장을 갖게 된 것이다.

요한복음이 쓰인 경위에 대해서도 그는 요한복음이 공관복음을 보충하기 위해 쓰였다는 전통적인 견해를 취한다. 그의 말을 그대로 빌리면, 요한복음서는 "공관복음서와 대립되거나(to contradict) 시정하려는 것이 아니라 이를 보충(to supplement)하려는 것이다."[8] 하지만 당시의 학계의 일반적인 견해는 요한복음은 공관복음서 전승과 독립된 복음서라는 것이었다. 이미 1938년에 가드너-스미스(P. Gardner-Smith)는 요한복음이 공관복음서와는 독립적인 전승이라는 것을 설득력 있게 논증했고, 그 이후 이 견해는 학계에서 널리 받아들여졌다.[9] 하지만 지금도 요한복음이 공관복음서를 보충하기 위해 썼다는 주장도 남아 있는 것을 볼 때, 이상근의 견해도 요한복음 해석의 한 축을 형성해온 것이었다.

요한복음이 쓰인 목적도 요한복음 저자가 쓴 말을 문자 그대로 받아들여 20:31에 나타난 것과 같이 사람들이 이 글을 읽고 예수가 그리스도인 것을 인식하고 그것을 믿어 영생을 얻게 하려는 것에 있다고 한다. 요한복음이 쓰인 정황은 여러 이단파(가현설, 에비온파, 세례 요한 추종자들)를 물리치기 위한 것이었다고 한다. 이때는 아직 마틴(J. Louis Martyn)이 요한복음을 예수 이야기와 동시에 요한 공동체의 이야기로 읽어야 한다는 주장이 등장하기 이전이기 때문에 요한복음의 쓰인 외부 정황을 이렇게 말한 것은 일반적인 것이었다.[10]

3) 교리적 주석

이상근의 요한복음 주석서는 그 자신의 요한 신학에 대한 철저하고 일관성 있는 견해를 표출하는 것이 아니라 자신이 알고 있던 서구의 요한 신학을 충실하게 소개하는데 있었다.

> 이 주해서의 주 목적은 정통주의 입장에서, 우리 그리스도교가 형성되던 고전 시대 및 그것이 화려하게 꽃피고 열매맺던 서구의 선진 교회와 극동의 후진 교회인 우리들 사이를 다리 놓음에 있다. 그리하여, 우리 신앙의 조상들의 순수한 복음적 유산 위에 우리 교회의 기틀을 잡고자 함에 있다.[11]

그래서 이상근은 서구의 전통적인 요한 신학자들의 주석서를 많이 사용한다. 특히 버나드(J. H. Bernard), 플루머(Plummer), 웨스트코트(B. F. Westcott) 등의 견해를 상당한 정도로 받아들이고 있는데, 이들은 이상근이 말한 대로 보수 계열의 학자라고 할 수 있는 학자들이다. 반면, 그는 당시 보다 진보적인 계열의 요한복음 주석가들이었던 바레트(C. K. Barrett), 다드(C. H. Dodd), 불트만(R. Bultmann) 등과는 학문적인 대화를 거의 하지 않고 있다. 또 이상근은 요한 신학에 대한 저술보다도 주로 요한복음 주석서들과의 대화를 한다. 그가 서두에 본서의 참고 도서라고 소개하는 것들은 모두 주석서뿐이다. 그는 요한 신학 전문 연구 도서들이나, 학술지, 전문 사전 등에 게재된 글들은 거의 참고하지 않은 듯하다. 이것은 아마도 그가 말한 대로 요한복음 본문에 대한 서구의 보수적 학문을 소개하는데 있었기 때문에 그 최종 결과물인 주석서와 대화하는 것이 가장 편리했기 때문일 것이다.

또 한 가지 이상근의 요한복음 주석서의 특징이라고 한다면, 그는 공관복음과 비교되는 요한복음의 특징은 비교적 상세히 설명하면서도, 개별 신학자로서의 요한의 면모는 명확히 드러내지 않는다. 그는 신학적 주제를 설명하면서 흔히 바울 서신이나 다른 신약의 책들과 요한복음의 본문을 연결시키는데, 양자 사이의 신학적 차이점보다는 연결점에 보다 많은 주의를 기울인다. 그리고 양자를 교리적으로 하나로 연결시키는 시도를 많이 한다. 그의 주석에는 교리적 내용이 많이 포함되어 있다. 그는 요한복음을 "교리적(敎理的) 목적을 가진 책"이라고 한다.[12]

3. 교회론 구절에 대한 이상근의 주석 분석

1) 주요 교회 표상(10:16; 15:1)

요한복음에 교회(ἐκκλησία)라는 단어가 나오지는 않지만 교회의 표상이 있는지에 대해서는 학문적 논쟁이 있어 왔다. 예수가 선한 목자라고 하는 본문(10:1-18)과 예수가 참 포도나무라고 하는 본문(15:1-17)이 예수의 본질에 대해서만 말하는 구절이라고 주장하는 학자들도 있지만, 대부분의 학자들은 이 본문이 예수에 대해서 말하는 본문이면서 동시에 교회에 대해서도 말하는 본문임을 인정한다.

이상근도 이 두 본문에 나타나는 이미지를 교회의 표상이라고 본다. 이상근은 "이 우리에 들지 않은 다른 양들"(10:16)이 이방인 교회를 가리키는 어구라고 생각한다.[13] 또 여기에 나오는 "우리"는 지역 교회를, "무리"는 우주적 교회, 즉 공교회를 의미한다고 말한다.[14] 그래서 한 무리, 한 목자는 "역사적 지역적 모든 교회를 총 망라한 교회"다.[15] 그에게 있어 이것은 사도신경에 나오는 바로 그 공교회다. 또 요한복음 15:1을 주석하면서 이상근은 "본문에 나타나는 포도나무는 그리스도를 머리로 하는 교회를 비유하고 있고, 구약에 깊이 근거해 있으면서도 새로운 뜻으로 교회의 모습을 보여주는 것이다. '내가 참포도나무요' 하신 것은 일견 그리스도 자신을 설명하는 말같이 보이나, 사실은 그리스도의 몸 되는(엡 1:23) 교회를 설명하는 데 그 주 목적이 있는 것이다."라고 말한다.[16]

여기서 이상근은 구약에서 하나님 백성을 지칭하던 목자의 양과 포도원을 예수가 이제는 제자들의 공동체를 말하는데 썼다는 의미에서 이 표상들은 모두 교회를 가리키는 것이라고 보고 있다. 여기서 핵심은 예수가 바로 그 하나님의 백성을 대표한다는 것이다. 이런 의미에서 이 표상들은 요한 신학의 특징인 그리스도 중심성이 잘 나타나 있는 것이다. 이상근은 이러한 특징을 요한 신학의 특징으로 설명하기보다는 교리적으로 설명하여, 이러한 교회상이 에베소서 등에 나타난 우주적 교회상과 연관되어 있음을 주장한다. 이러한 설명은 이상근의 요한복음 주석이 기본적으로 교리적 주석이라는 특징과 무관하지 않다.

2) 교회론적 개념인 일치(17:11, 20-23)

요한복음에는 일치라는 단어(ἕν)가 예수의 제자 공동체를 지칭하는 데 사용된다. 예수의 제자는 목자인 예수의 인도를 받는 한 무리의 양인 제자 공동체다(10:16). 요한복음 17장에 나오는 예수의 대제사장적 고별 기도에서는 일치로써의 제자 공동체의 모습이 잘 드러나 있다. 예수는 그의 첫 제자들이 서로 일치될 것(11절)과 그들의 전도를 받은 제 2세대 제자들이 그들과 서로 일치될 것을 기도한다(20-23절). 이러한 일치가 바로 교회를 가리킨다는 사실은 헬라어 '헨'(ἕν)의 대응어인 히브리어로 '야하드'가 예수 당시의 유대인의 한 분파인 쿰란 공동체에서 하나님의 백성으로써의 공동체를 나타내는데 쓰였다는 데 있다. 요한은 일치라는 단어로 제자 무리 공동체를 표현하고 있는데, 요한일서 1:1-4에서는 이것을 '사귐'(κοινωνία)이라는 말로 바꾸어 표현하기도 한다.

이상근도 요한복음에 나오는 '일치'라는 단어가 교회를 표현하는 말이라고 이해한다. 그는 특히 20-23절에 나오는 일치를 우주적 교회의 일치로 해석한다. 이것은 요한복음을 교리적으로 해석하는 그의 일관된 방식에서 나온 것이다. 교회를 지역 교회와 우주적 교회로 이해하고, 유대인으로 구성된 예수의 첫 제자들의 일치를 지역 교회로 보고, 그들과 제 2세대 제자들 간의 일치를 우주적 교회의 일치로 본 것이다.[17] 무엇보다도 이상근은 이러한 교회 일치의 모델과 근원이 하나님과 예수의 부자 간의 일치에 근원한 것이라고 올바로 보고 있다. 또 그러한 일치를 통해서 불신자들이 예수가 하나님의 아들임을 알게 된다고 보아, 그는 본문의 의미를 잘 간파하고 있다. 그의 말대로 하면 "하나 되는 정도는 성삼위의 일치에 두고, 하나 되는 결과를 주께서 그 안에 계시고 외적으로는 세상을 믿게 한다. 성도들이 성삼위 하나님과의 영교에서 완전하고도 아름다운 일치를 이룰 때, 비로소 하나님의 임재와 또 복음 전도의 미를 거둘 수 있을 것이다."[18]

3) 공동체 용어인 하나님의 자녀(1:12; 11:52)

요한복음은 예수의 제자 공동체를 가족 공동체 용어로 표현하고 있다. 예수와 하나님의 관계도 아들과 아버지이며, 제자와 하나님의 관계도 아들과 아버지다. 물론, 요한복음에는 예수의 아들됨을 '아들'(υἱός)로, 제자들의 아들됨을 '자녀'(τέκνα)로 표현하여 이를 구별하고 있다. 어쨌든, 예수의 제자는 하나님의 자녀이기에 그들에게 있어 하나님은 아버지이고(20:17), 또 제자들은 상호 간에 형제다(21:23).

이상근도 요한이 제자 공동체를 가족 언어로 표현하고 있다는 것을 잘 파악하고 있다. 또 이러한 자녀됨의 특징이 바울이 말하는 것과도 다르다는 것도 잘 설명한다. 요한복음 1장 12절에 나오는 하나님의 자녀는 하나님으로부터 태어나는 것이기에, "본성적 자녀"를 말하는 것이고, 바울이 말하는 아들됨은 양자(롬 8:15; 갈 4:5-6)라는 것이다. 또 이상근은 요한복음 11장 52절에 나오는 "흩어진 하나님의 자녀"는 "무형적인 교회"를 지칭하는 것으로, 일종의 우주적 교회를 표현하는 말이라고 본다.[19] 이상근은 일관되게 교회를 표현하는 말로 지역 교회를 지칭하는 것과 우주적 교회를 지칭하는 것을 구별한다. 이러한 생각은 그가 바울이 고린도전서 등에서 말하는 지역 교회와 에베소서 등에서 말하는 우주적 교회 개념이 요한복음 내에 들어있다고 보는 것에서 나온 것으로 보인다.

4) 기타 교회 표상과 교회 개념

요한복음에 나오는 교회 표상과 개념에 대해서 최소주의자가 있고 최대주의자가 있다. 위에서 말한 교회 표상과 교회 개념은 대부분의 학자들이 교회를 가리키는 것이라고 보는 표상 혹은 개념이다. 즉 이것들은 최소주의자도 다 인정하는 것들이다. 그런데 최대주의자는 이것 이외에 요한복음에는 교회에 대한 여러 상징 혹은 개념이 더 있다고 본다.

(1) 기타 교회 표상(2:21; 3:29)

요한복음에서 교회를 표상한다고 흔히 언급되는 것으로는 예수의 몸인 성전(2:21)과 신랑 예수의 신부(3:29)이다.[20] 이 두 표상은 모두 신약 성경에서 교회를 표상했던 것들이다. 바울은 교회를 흔히 그리스도의 몸으로 비유하고(고전 12:27; 롬 12:5; 엡 12:23; 골 1:18), 또 요한계시록 저자는 교회를 신부로 비유한다(19:7; 21:2, 9-10; 22:17). 몇몇 학자들은 그리스도의 몸인 성전이 교회를 표상한다고 주장하지만, 내가 보기에는 여기서 "성전"은 예수를 가리키지 교회를 가리키진 않는다. 예수가 성전이라는 것은 구약의 하나님 백성이나 하나님이 거하는 것을 의미했던 것을 예수로 대체

한다는 것이다. 여기서 핵심은 예수의 부활이지 교회 표상이 아니다.

또 예수가 신랑이라는 표상(3:29)에서도 우선적으로 비교되고 있는 것은 신랑인 예수와 들러리인 세례 요한이지 신랑과 신부가 아니다. 하지만, 세례 받으러 나오는 백성에 대한 메시아적 권한을 가진 이는 누구인가라는 질문으로 요한복음 3:29을 읽으면, 그 대답은 신랑인 예수가 되고, 거기에는 메시아가 이끄는 하나님의 백성이 전제되어 있다고 볼 때, 여기서 신부가 교회라는 개념을 끄집어 낼 수도 있다. 그래서 비록, 핵심적으로는 이 본문이 예수가 신랑이라는 것에 있지만, 그 안에서는 그 백성이 전제되어 있다는 면에서 신부상(像)은 얼마든지 교회 표상으로 해석가능하다.

(2) 기타 일치 개념(19:23-24; 21:11)

앞에서 본 대로 요한복음 17장에는 일치로써의 교회 개념이 명시적으로 나타나 있다. 그런데 이것이 다른 구절에서 상징적으로 나타나 있는가 하는 문제에 대해서 학자들 간에 논란이 있다. 요한복음에서 흔히 교회의 일치를 말하는 구절로 언급되는 것들은 찢어지지 않은 예수의 속옷(19:23-24), 찢어지지 않은 그물(21:11) 등이 있다.[21] 첫째, 로마 군사들이 예수를 십자가에 못 박고 그의 옷을 취하는데, 그 옷은 하나로 된 것인데, 군사들이 이것을 찢어 나누지 않고 제비뽑아서 한 사람이 취하려는 장면(19:23-24)에 요한 교회론의 주요 개념 중 하나인 교회의 일치가 상징화되어 있다는 것이다. 여기서 일치를 나타내는 주요 단어는 "찢다"(σχίσωμεν)이다. 예수가 한 목자하에서 한 무리가 형성될 것을 말하고 나서 (10:16) 유대인들에게 "분쟁"(σχίσμα)이 일어났는데(10:19) 그것은 일치가 깨진 것과 같은 것인데, 예수의 속옷이 찢어지지 않은 것은 바로 일치를 이룬 것이 된다. 이런 의미에서 여기에 나오는 호지 않은 예수의 속옷은 교회의 일치를 상징한다고 할 수 있다.

둘째, 부활 후 나타난 예수의 지시에 의해 153마리나 되는 많은 고기를 잡았는데, 그물을 끌어 올릴 때(εἵλκυσεν) 찢어지지(ἐσχίσθη) 않았다는 기사(21:11)도 교회의 일치를 상징할 수 있다. 이미 12:32에서 요한은 예수는 자신의 죽음을 통해서 모든 사람을 "이끌겠노라"(ἑλκύσω)고 말했는데, 여기서 바로 그 동사가 사용되었다. 군사들이 취한 예수의 속옷은 예수가 죽음을 통해 그의 백성을 하나로 만드는 것(11:52)을 의미하는 것이다. 여기서도 역시 앞 구절에서 "끌어올리다"와 "찢어지다"라는 동사가 사용된 것을 유의해서 보아야 한다. 앞의 동사는 예수의 제자들을 모으는 것을 상징하고, 뒤의 동사는 하나됨을 상징한다. 초기 교회에서 물고기 잡은 것을 선교와 연관해서 이해했다는 것을 볼 때(눅 5:1-11), 여기에서 물고기를 잡는 것은 선교를 통해 사람들을 모아 하나가 되는 교회 일치를 말한 것이라고 볼 수 있다.

(3) 기타 하나님의 자녀 개념(19:25-27)

요한복음에서 예수가 십자가를 지고 숨지기 전에 마지막으로 한 행동은 어머니와 애제자(예수가 사랑하는 제자)를 서로에게 맡기는 것이다(19:25-27). 이것은 흔히 예수의 효성으로 해석되는데, 이것이 교회 형성을 은유한 것이라고 보는 것이 적절하다. 예수가 "다 이루었다"(19:30)라고 말하고 숨을 거두기 전에 한 마지막 행동이 단순한 효도라고 보는 것은 요한복음 내러티브에 걸려 있는 신학의 무게를 제대로 보지 못한 것이다. 예수는 이렇게 중요한 순간에 효도를 행했다고 보는 것은 요한복음을 요한의 시각에서 보다는 동양 문화적으로 해석한 것이다. 여기에는 중요한 상징적인 의미가 있다. 예수는 요한복음에서 이상적인 제자인 애제자와 어머니를 함께하게 함으로써 새로운 가족 공동체, 즉 피를 통해서 구성된 가족이 아니라(1:12) 믿음으로 형성되는 한 신앙 가족의 형성을 천명한 것이다. 여기서 애제자가 예수를 "자기 집으로"(εἰς τὰ ἴδια)에 모셨는데, 여기서 사용된 언어가 바로 예수가 자신의 땅에 왔지만 자신의 백성이 자신을 영접하지 않았다는 구절과 밀접히 연결되어 있다는 면에서, 자기 집이 단순한 집이 아니라 믿음의 집, 즉 교회를 상징한다고 보는 것이 자연스럽다.

1:11, "자기 땅에 오매 자기 백성이 영접하지 아니하였으나
εἰς τὰ ἴδια ἦλθεν, καὶ οἱ ἴδιοι αὐτὸν οὐ παρέλαβον.
19:27, "그때부터 그 제자가 자기 집에 모시니라."
καὶ ἀπ' ἐκείνης τῆς ὥρας ἔλαβεν ὁ μαθητὴς αὐτὴν εἰς τὰ ἴδια.

여기서 "자기 땅/백성"과 "자기 집"이 상응하고, "영접하다"와 "모

시니라"가 서로 상응한다. 여기서 한 부류의 사람들이 예수를 배척한 것과, 이제 새로운 하나님의 자녀들이 영접한 것은 잘 비교되어 나타난다.

이상근은 위에 제시된 표상과 개념이 교회를 지칭하는 것으로 보지 않는다. 첫째, 새 성전이나 신랑의 신부 개념이 교회를 상징하는 지에 대해서 침묵한다. 둘째, 예수의 속옷(19:23-24), 찢어지지 않은 그물(21:11)을 그는 교회론적으로 해석하지 않는다. 셋째, 모친과 애제자를 맡기는 기사도 예수의 효성으로 해석하지 교회론적으로 해석하지는 않는다. 이상을 통해서 이 부분에서 이상근은 교회론에 관해서는 최소주의자라 할 수 있다. 이러한 최소주의자의 경향성이 최대주의자보다는 다수의 견해다. 하지만 최근에는 요한복음의 교회 개념이 가족 개념으로 이루어진 것에 주목하면서 예수의 모친과 애제자 본문을 교회론적으로 해석하는 데에 학자들의 의견이 모아지고 있다는 것만은 확실하다.

5) 목회(21:15-17)와 성례전(6:41-59)

요한복음에 교회론이 없다는 주장의 근거로 흔히 제시되는 것에는 요한복음에는 12제자를 사도로 보는 교직도, 목회에 대한 지침도, 교회의 필수 요소인 성만찬 제정 본문도 나오지 않는 것 등이 있다. 우선, 요한복음에 12제자의 명단이 다 나오지 않으며, 12제자라고 하더라도 사도와 같은 특수한 신분으로 나오지 않는다는 것은 사실이다. 하지만, 요한복음이 12제자의 존재를 부정한 것은 아니다. 요한이 더 중요하게 보았던 것은 특수 신분이 아니라 모든 교인이 동시에 누릴 수 있는 예수의 제자 혹은 하나님의 자녀라는 신분이다. 둘째, 요한복음에 목회 개념이 없다는 것은 요한복음 21장을 요한복음 저자가 아닌 사람이 쓴 것이라는 전제에서 말하는 것이다. 나는 문체와 신학에 있어서 요한복음 21장이 그 이전과 다르지 않으며, 저자가 의도해서 혹은 다 쓰지 못한 부분을 추가하기 위해 이 부분을 썼다고 본다. 셋째, 요한복음 6장의 오병이어에 이은 논쟁 본문에서 예수가 말한 "인자의 살을 먹지 않고 인자의 피를 마시지 아니하면 너희 속에 생명이 없느니라."(53절)는 것이 예수의 성만찬을 상징한 것 같지는 않다. 왜냐하면 요한은 성전과 같은 장소나 혹은 세례나 성만찬 같은 예식을 중요시 하지 않고 오히려 그 의미에 집중하기 때문이다. 그래서 요한이 세례나 성만찬을 반대했다기보다는 그 의미에 집중해서 이것을 해석한 것으로 보아야 할 것이다.

이상근은 요한복음의 교직이나 성례전 등의 주제에 대해서는 많은 관심을 기울이지 않는다. 다만, 요한복음 6장의 해당 본문을 주석하면서 이 본문이 예수의 성만찬 제정 사건을 제자들에게 깨닫게 해주었을 것이라고 말함으로써,[22] 요한은 예식으로써의 성만찬보다 그 의미에 더 집중했다는 것을 잘 분석해 내고 있다.

4. 이상근의 요한 교회론 이해의 특징과 그 신학적 의의

1) 이상근의 요한 교회론 이해의 특징

이상의 주제를 통해서 우리는 이상근이 요한 교회론을 다음과 같이 정리해 볼 수 있다. **첫째, 이상근은 요한복음에 교회론 사상이 있다고 보았다.** 르와시(A. Loisy)가 말한 "예수가 선포한 것은 하나님 나라였는데 생겨난 것은 교회였다."[23]는 것에 대해 이상근은 분명히 반대 입장에 서 있다. 이상근은 요한복음에 나타난 교회론은 우연히 생긴 것이 아니라고 본다. 그는 요한복음에 이방인 구원과 이방인과 유대인이 하나의 교회를 이룰 것이 요한복음 저자의 의도 가운데 있었다고 보았다. 요한복음에 관련해서도 요한복음에는 어떠한 교회론적 개념이나 사상을 찾아볼 수 없다는 불트만의 주장에도 이상근은 동의하지 않을 것이다.[24] 이상근은 이 문제에 대해서 불트만과 어떤 학문적 대화를 하지는 않았지만, 그가 요한복음의 교회 표상이나 개념 본문을 다루는 주석에서 위에서 보여준 대로 그는 이것들을 교회와 연관시켜 주석하는 것을 볼 때, 그는 분명히 요한복음에 교회에 대한 사상이 있다는 것을 확신하고 있었고 볼 수 있다.

요한의 교회론에 관해서 칼페퍼가 유의해서 본 어구는 19:23에 나오는 "위에서부터"(ἐκ τῶν ἄνωθεν)다. 물론, 이것은 예수의 속옷이 짜인 것에 대한 말이지만, "위"(ἄνωθεν)라는 말이 요한복음에 이곳과 3:3 두 번 밖에 등장하지 않는다는 것과 이것이 앞 구절에서

"하나님"을 의미한다는 것을 볼 때, 19:23에서도 여기에 중의적 의미가 있을 수 있다. 즉 예수의 속옷이 위로부터 통으로 짜인 것은 교회가 설립된 것이 하나님의 설계로 된 것이라는 것을 의미할 수 있다는 것이다. 그래서 그는 요한복음에는 교회 이해에 관한 설계가 있었다고 본다. 칼페퍼(R. Alan Culpepper)가 이해한 요한의 교회 설계는 다음과 같이 요약할 수 있다.

(i) 요한은 교회와 삼위일체 하나님과의 친밀한 관계를 강조한다.
(ii) "믿음과 사랑 안에 거하면서 아버지와 일치를 이루는 것 또한 신앙 공동체가 서로 교제하는데 있어서 기초다."
(iii) "요한복음에서 교회에 대한 뿌리 은유는 가족이라는 것에 학자들이 점차 견해의 일치를 이루고 있다."
(iv) "예수처럼 제자들은 세상으로 파송되었다."[25]

둘째, 요한복음 교회론에 대한 이해에 있어서 이상근은 최소주의자다. 그는 요한복음에 나오는 교회론에 관한 여러 이미지와 개념 중에서 전통적으로 교회를 가르키는 것으로 본 것만 인정한다. 그런 면에서 그는 다수 의견인 최소주의자의 입장에 서 있다. 나아가, 이상근은 요한복음의 여러 신학 주제 중에서 교회론이 핵심 주제는 아니라고 보았다. 그는 요한 신학에서 교회론을 일종의 부수 주제(Randthema, minor theme)로 보았다. 이상근은 요한복음을 주석하면서 특주를 14개 포함시키는데 그 중에 교회론은 들어 있지 않다. 그는 교회론을 기독론의 틀 혹은 예수의 삶의 틀 안에서 이해되어야 한다고 생각했다.

셋째, 이상근은 교리적 틀 안에서 요한 교회론을 해석했다. 이상근은 요한복음의 교회론을 바울의 몸 교회론, 에베소서의 우주적 교회론과 연관시킨다. 이러한 입장의 긍정적인 면은 요한복음에 제시된 교회론은 신약 여타 책에 나오는 교회론과 부합한다고 보아 신약 성서의 통일성이 부각되는 것이다. 또 이러한 설명의 약점은 요한복음의 교회론이 여타 신약 책에 나오는 교회론과 특별한 특징이 있음은 잘 드러내지 못한다는 것이다.

2) 이상근의 요한 교회론 이해의 의의

(1) 유용성: 신약 성서 교회 개념의 통일성이 드러남

이상근이 요한 교회론을 연구할 때 취한 방법은 요한 신학에 국한해서 교회론을 해석하기보다는 신약 성서 전체에서, 그것도 기독교 교리와 연관하여 통전적으로 해석한 것이다. 그러다보니 요한 교회론의 개별성보다는 신약 교회론의 통일성하에서 요한 교회론을 다루었다. 그는 공관복음과 비교되는 요한복음의 특징은 비교적 상세히 설명하면서도, 개별 신학자로서의 요한의 면모는 잘 드러내지 않는다. 그는 신학적 주제를 설명하면서 흔히 바울 서신이나 다른 신약의 책들과 요한복음의 본문을 연결시키는데, 양자 사이의 신학적 차이점보다는 연결점에 주의를 기울인다. 그리고 양자를 교리적으로 하나로 연결시키는 시도를 한다. 그의 주석에는 교리적 내용이 많이 포함되어 있다. 그는 요한복음을 "교리적 (敎理的) 목적을 가진 책"이라고 한다.[26]

이러한 신학적 방법은 성경을 하나의 통일된 책으로 인식하는 일반 신자들에게나 목회자들에게 목회적으로 어느 정도 유용할 것이다. 또 이상근이 요한복음 주석 집필 당시 신약 성서 신학의 다양성과 통일성에 대한 이해가 적었던 일반 목회자들에게도 이러한 접근은 이상근의 주석의 내용을 받아들이는데 어려움이 없었을 것이다. 이러한 이해는 성경의 통일성 있는 하나님의 말씀으로 이해하는데 기여했고, 또 기독교 정통 교회가 믿는 교리와 요한의 교회론이 부합한다는 것을 잘 보여주었다. 이러한 그의 이해가 그의 주석서를 읽은 많은 이들에게 그들의 신앙과 목회에 있어 건전한 신학적 기초가 되었을 것이다. 그런 면에서 이상근의 요한복음 주석서는 나름대로 자신의 자리와 역할이 있었다. 그의 신학은 교회를 위한 신학이었다.

이상근의 성서 주석 방법은 성서에 대한 교리적 혹은 통전적 해석이다.[27] 그는 성서가 수제에 있어 상호 연결되어 있는 하나의 통일된 책이라고 보고, 특정 성서의 특정 구절에 나타난 의미를 해석한다. 요한복음에 나타난 구절을 요한의 신학으로만 해석하지 않고, 신약 성서에 나타난 전체 교리와 연결되어 있다고 보고 본문을 주석하는 것이다. 물론, 이러한 이상근의 해석이 완전히 새로운 것은 아니다. 이미 칼빈이 "성경이 성경을 해석한다."는 말로 이러한 해석을 했다.[28] 하지만, 현대 신약 성서 학자는 대개 이러한 해석에 불편함을 느낀다. 왜냐하면 이러한 해석은 성서 각 저자의 개별성을 잘 드러내는 데 어려움이 있기 때문이다.

(2) 제한성: 요한 교회론의 독특성이 드러나지 않음

성서를 해석하는 어떤 방법론이든 각 방법론은 성서를 해석하는 하는 유일한 방식일 수 없으며 그야말로 성서를 올바로 이해하기 위한 하나의 방법이다. 그러기에 각 방법론에는 장점과 단점이 있다. 요한 교회론을 주로 신약 성서의 신학적 통일성과 일치된 기독교 교리의 입장에서 보려하는 이상근의 방법론은 신약 성서 안에서 요한 교회론의 독특성을 찾는 것을 방해한다.

이상근의 요한 교회론 이해를 보다 발전시키려면 그의 교리적 성서 주석 혹은 통전적 방법론을 뛰어 넘어야 한다. 요한복음의 교회론을 해석하는데 있어서 역사적 방법을 사용하면 요한 교회론에 대한 독특성을 보다 잘 볼 수 있다. 요한 교회론에 대해서 역사적 방법으로 요한 교회론의 독특성을 가장 잘 설파한 이는 20세기 요한 신학의 대부인 브라운일 것이다. 그는 이러한 방법을 사용해서 그 이전의 방법론으로는 잘 알아채지 못한 요한의 교회론의 특징을 잘 밝혀냈다.[29] 나도 이러한 방법론을 사용해서 요한 교회론의 독특성에 대해서 말한 바 있다.[30]

이상근의 교리적 방법만으로는 성서 개별 저자의 독특한 신학을 찾아내기 어렵다. 그는 요한복음 주석서에서 교회론을 말하면서 요한 교회론의 특징에 대해서는 아무 것도 말하지 않았다. 최근 칼페퍼는 요한 교회론 연구에 있어서 학자들이 어떻게 방법론을 발전시켜 나갔는지를 잘 보여주고 있다. 첫째, 1950-60년대에는 신학적인 연구 방법이 주류를 이루었다. 이때의 주요 이슈는 요한복음에 교회론이 존재하는가 유무, 있다면 그 중요성의 유무였다. 둘째, 1970-80년대에는 역사적인 연구 방법이 주류를 이루었다. 이때 요한 교회론 연구는 요한 공동체의 역사에 대한 연구가 되었다. 셋째, 1990-2000년대에는 문학적인 연구 방법으로 요한 교회론을 연구하는 것이 많이 나타났다. 이러한 연구의 대표자는 칼페퍼인데 그는 요한복음 내러티브상에서 교회에 대한 이해가 어떻게 작동하는 지를 보여주려고 했다. 그는 성서와 성서에 나타난 신학을 이해하기 위해서는 다양한 방법론을 도입할 필요성이 있음을 잘 보여주었다.[31] 칼페퍼의 분류를 따르면 이상근의 교리적 방법론은 "신학적 방법론"인데, 이것은 주로 비평 이전 시대에 사용했던 방법으로, 성서 본문을 일관성 있는 교리 체계하에서 또 성서신학을 하나의 교리로 묶으려 하는 것이며, 이러한 방법은 성서 개별 저자와 성서 개별 본문의 독특성을 잘 드러낼 수 없다는 난점이 있다.

5. 나가는 말

본 장은 이상근의 요한복음 주석에 나타난 그의 교회 이해를 살펴본 것이다. 그는 교리적으로 요한복음의 교회론을 설명했다. 이러한 이해는 성경의 통일성 있는 하나님의 말씀으로 이해하는데 기여했고, 또 기독교 정통 교회가 믿는 교리와 요한의 교회론이 부합한다는 것을 잘 보여주었다. 이러한 그의 이해가 그의 주석서를 읽은 많은 이들에게 그들의 신앙과 목회에 있어 건전한 신학적 기초가 되었을 것이다. 그런 면에서 이상근의 요한복음 주석서는 교회를 위한 주석이라는 면에서 나름대로의 역할을 충실히 감당했다고 본다.

위와 같은 교리적 해석의 순기능은 목회자가 성서를 주석할 때 개별 본문을 다른 본문과 연결시켜 성서를 통일적으로 볼 수 있게 한다는 것이다. 물론, 이러한 해석의 역기능은 성서를 그때 거기에서, 그 정황에서 일어난 개별 저자의 특수 신학이라는 것을 보기 어렵게 한다는 것이다. 물론, 이상근이 이 문제를 양자선택으로 보려한 것 같지는 않다. 그도 신약 학자로서 신약 성서의 주제에 대한 해석에는 다양성과 통일성이 있다는 것을 인식했을 것이다. 하지만, 그는 통일성에 지나치게 무게를 두어 다양한 성서 저자의 목소리를 듣기 어렵게 했다. 이것이 바로 성서 주제의 통일성을 전제로 한 일반 목회자에게 이상근의 주석이 지금도 애호되고 있는 이유이고, 동시에 신약 학자들이 그의 주석서를 학술적으로 중요하게 다루지 않는 이유이기도 하다.

에필로그

성령 체험과 교회 일치

1. 들어가는 말

본서에서 중점적으로 다룬 목회 신학 주제는 한국 교회 목회자들의 성령론이다. 대천덕 신부의 코이노니아를 핵심으로 하는 성령 사역론, 박영선 목사의 전통적인 개혁주의 성령론과 오순절주의 성령론을 아우르는 '세 3의 길' 성령론, 그리고 하용조 목사의 사도행전에 나타난 방식대로 지금도 계속되는 성령 사역론은 모두 성령론에 관한 목회 신학이다. 실제, 한국 교회에서 목회하는데 있어서 특정 목회자의 성령론은 목회 방향을 결정하는 핵심 요소다. 그래서 나는 이런 신학의 바탕이 되는 신약 성서에 기록된 하나님의 백성의 성령 체험에 대해서 약술함으로 결론을 대신하려 한다(다음 부분은 김동수, "새 언약 백성과 성령 체험," 「성서마당」 128호 [2018년 겨울], 23-32에 게재되었던 것이다).

2. 새 언약 백성과 성령 체험

구약 시대 이스라엘 민족이 특별했던 것은 그들이 하나님과 언약을 맺은 백성이라는 데 있다. 하나님은 이스라엘 역사를 통해 백성의 대표자인 아브라함(창 17:1-22)과 모세(출 24:1-11)와 다윗(삼하 7:1-17)과 각각 언약을 맺었다. 고대 사회에서 언약을 맺은 양 당사자는 맺은 언약에 충실해야 했고, 그렇지 않을 경우 그 책임을 져야 된다는 것이 전제되어 있었다(창 15:17). 그런데 언약의 한 당사자인 이스라엘 백성은 하나님과의 언약에 신실하지 않았다. 언약에 충실하셨던 하나님은 한 편으로는 언약에 충실하지 않은 이스라엘 백성에게 이방 민족의 포로가 되는 벌을 주셨지만, 다른 한 편으로는 그들에게 새롭게 살 길을 제시하셨다. 하나님은 예레미야를 통해서 하나님의 백성에게 "새 언약"(신약)을 주실 것을 약속하셨다. 여기서 새로운 것이란 하나님의 언약 법을 언약 백성 "속"에 두며 "마음에 기록"하여(렘 31:31-33; 32:40; 겔 37:26) 그들이 이것을 실행할 수 있게 만든다는 면에서다.

그렇다면 여기서 언약을 사람의 "속"과 "마음"에 둔다는 것은 무엇일까? 신약의 빛에서 보면 그것은 다름 아닌 성령이 공동체 안과 사람들의 마음속에 거하는 것을 나타낸다. 구약 시대에는 죄인인 인간이 주어진 율법을 지키려다가 실패했지만(렘 31:32), 이제 신약 시대에는 사람들의 마음과 공동체 안에 성령이 거하여 그들을 직접 인도함으로 하나님의 백성이 그 성령의 도움과 인도로 언약에 충실할 수 있게 된다는 것이다. 바울도 유대교인으로 있을 때의 절망감(롬 7:24-25)이 성령이 각 신자에게 주어지는 신약 시대에 와서는 극복된다고 보았다(롬 8:1-2, 9). 성령의 인도는 새 언약의 핵심 요소인 것이다.

사실, 신약 성경의 주요 저자들인 누가와 바울과 요한은 모두 새 언약 백성됨의 핵심 요소로 성령 체험을 든다. 교회 역사를 통해서는 특정 교파의 하나됨을 주로 공통된 신앙 고백의 내용에 두었던 것에 반해, 신약 성서 저자들은 공히 성령 체험을 하나님 백성됨의 요체로 보았다. 그래서 여기에서 내가 말하고자 하는 바의 핵심은 다음과 같다. 누가는 새 언약 시대에는 모든 하나님의 백성이 예언자가 되는 것이라고 말하며 그 핵심에 성령 체험이 있다고 보았다. 바울은 새 언약 백성됨의 핵심은 모든 하나님의 백성은 성령을 체험한 자라는 것에 있다고 보았다. 요한도 새 언약 백성을 성령의 기름 부음을 받은 자들로 규정하고 있다.

3. 누가: 만인예언자직

누가는 새 언약 백성 모두에게는 예언자직이 주어졌고, 그것은 성령 체험을 통해서 얻게 된다고 보았다. 누가는 예수의 제자들이 오순절 날 체험한 성령 체험(행 2:1-13)을 요엘의 예언(욜 2:28-32)의 성취라고 보았다(행 2:14-15). 그런데 이 체험이 무엇을 의미하는가는 누가가 칠십인역 요엘서 인용문에서 첨가하고 수정한 것을 통해서 분명히 드러난다.

첫 번째 중요한 것은 요엘서가 "그 후에"라고 말한 것을 "말세에"

라고 변경한 것이다. 즉 누가는 제자들이 오순절에 성령을 체험한 사건을 구 시대가 지나고 새 시대(새 언약 시대)가 도래한 사건으로 본 것이다. 둘째, 더 중요한 것은 그가 "그들이 예언할 것이요"라는 어구를 남녀노소가 말세에 할 일을 말하면서 첨가한 것이다. 모든 사람(남녀노소)이 예언, 환상, 꿈꾸는 것을 한 마디로 예언하기로 요약한 것이다. 다른 말로 하면, 누가는 여기서 새 언약 시대에 성취될 것으로 모든 하나님의 백성이 예언자가 되는 "만인예언자직"(prophethood of all believers)을 말하고 있는 것이다. 누가는 오순절에 공동체가 체험한 그 성령 체험을 모든 신자가 예언자가 되는 체험이라고 본 것이다. 여기서 예언이란 바울이 말하는 예언의 은사보다는 더 넓게, 모든 종류의 영감 받은 말(방언, 예언, 하나님 찬양 등)을 지칭한다.

누가는 이 성령 체험이 새 언약 백성의 본질을 형성하는 것이라고 보았다. 사도행전 내러티브에서 베드로를 비롯한 사도들과 제자들은 이 만인예언자직을 받을 사람들에 이방인들까지 포함된다는 것을 깨닫지 못했다. 그래서 성령 체험이 곧 새 언약 백성의 표였기 때문에 "베드로와 함께 온 할례 받은 신자들이 이방인들에게도 성령 부어 주심으로 말미암아" 놀랐다(행 10:45). 고넬료 집안사람들이 성령 체험하는 것을 보고 베드로와 유대인들은 비로소 이방인들도 하나님의 백성에 포함된다는 것을 깨달은 것이다. "성령이 그들[이방인들]에게 임하시기를 처음 우리에게 하신 것 같이 하는 지라."(행 11:15) 그래서 결국 베드로는 "하나님이 우리가 주 예수 그리스도를 믿을 때에 주신 것과 같은 선물을 그들에게도 주셨

으니…하나님께서 이방인에게도 생명 얻는 회개를 주셨도다."(행 11:17, 18)고 말했다. 즉 사도행전에 따르면 베드로를 비롯한 초기 교회는 이방인들이 하나님의 백성에 포함될 수 있다는 것을 그들이 성령 체험하는 것을 보고 깨달은 것이다. 베드로는 만인이 예언자가 되는 성령 체험이 말세의 체험이며, 그것이 곧 하나님의 백성에게만 주어지는 체험으로 이해한 것이다. 이 후에 에베소에서 있은 사건에서도 누가는 이것을 같은 체험으로 기록한다(행 19:1-7). 누가는 하나님의 백성이 성령 체험을 통해 모두가 예언자라는 것을 확인한다는 것을 오순절 사건, 사마리아 사건, 이방인 고넬료 사건, 에베소 사건 등을 통해 보여주려 했다.

이렇게 모든 하나님의 백성이 성령 체험을 통해 예언자가 되는 만인예언자직 사상은 누가복음에서도 볼 수 있다. 누가복음 10:1, 17에 나오는 70인 제자는 누가복음에만 나오는데, 성령론과 연관되어 볼 때 그 배경은 민수기 11:24-30의 70인 장로와 장래에 모든 사람이 예언할 것을 예언한 모세의 말이다. 특히 민수기 본문에는 70인 장로와 2인의 나튼 상보가 나오는데, 누가복음 10:1의 사본에 70인과 72인이 있는 사본들이 존재하는 것은 초기 전승 과정에서도 이 본문이 민수기에 있는 모세의 만인예언자직에 대한 예언과 밀접히 연관되어 있음을 간접적으로 보여주는 것이다. 누가는 "여호와께서 그의 영을 그의 모든 백성에게 주사 다 선지자가 되게 하시기를 원하노라"(민 11:29)는 모세의 예언이 예수의 제자들을 통해서 성취되고 있다고 본 것이다.

4. 바울: 만인 성령 체험

예수의 제자에게 있어 성령 체험이 보편적인 것이라고 생각하는 면에서 바울은 누가와 일치한다. 바울은 그 체험이 신자의 보편 체험이고, 나아가 그 체험을 그리스도인의 일치의 근거로 제시한다. 그것을 구체적으로 보여주는 것이 고린도전서 12장에 나오는 바울의 몸 교회론이다(고전 12:12-27). 바울은 은사의 다양성은 몸의 지체의 다양성처럼 교회가 정상적인 상황에 있는 것이며, 동시에 몸의 지체가 다양하지만 한 몸인 것처럼 교회도 일치되어야 함을 말한다. 바울은 일치되기 어려운 짝인 유대인과 헬라인, 노예와 자유인도 성령 체험에 있어 하나라고 말한다.

고린도전서 12:13에서 바울은 이것을 이렇게 히브리 시의 평행구의 형식으로 표현한다.

> 다 한 성령으로 세례를 받아…
> 다 한 성령을 마시게 하셨느니라.

바울이 여기서 말하고자 하는 주제는 세례나 견신례나 성례전이 아니다. "성령을 마신다"는 표현은 성령 체험에 대한 은유다. 또 "성령으로 세례를 받는다[성령 안에서 잠긴다]"는 말도 이 성령 체험을 다른 말로 표현한 것이다. 본 절에서 중요한 단어는 "다"(πάντες)와 "한 성령"(ἓν πνεῦμα)이다. 바울은 모든 신자가 성령 체험을 하고, 그 성령 체험을 할 때 성령의 현시는 다양하게 나타나지만, 한 성령에 의한 것이라고 말하고 있다. 바울은 일치를 호소하면서 한 성령에 의한 모든 제자의 체험을 그 토대로 제시한다. 성령 체험이 하나이기에 유대인/헬라인, 노예/자유인과 나아가 남자와 여자(갈 3:28)의 차별이 무너지고 성령 체험 안에서 혹은 그리스도 안에서 하나가 된다는 것이다.

바울은 현재 그리스도인이 공통적으로 하고 있는 성령 체험은 그리스도인의 미래에 대한 하나의 보증이라고 말한다. 바울은 보증금(고후 1:22; 5:5), 처음 익은 열매(롬 8:23)라는 메타포로 그리스도인의 현재 성령 체험을 미래의 삶과 연결시킨다. 첫째, 성령 강림이 종말의 삶의 시작을 알리듯이, 그리스도인의 성령 체험은 미래 그리스도인이 얻을 것을 보장하는 것이라는 것이다. 둘째, "첫 열매"라는 말은 본래 그리스도의 부활에 대해서 쓰인 단어인데(고전 15:20, 23), 그것이 로마서 8:23에서는 그리스도인의 부활의 보증이라는 의미로 사용되었다. 마찬가지로, 성령의 첫 열매를 가진 그리스도인인 "우리"는 미래에 완성될 것을 기다리는 보증으로 성령 체험을 현재 하는 것이다.

바울에게 있어서 성령 체험은 바로 예수 제자의 현재와 종말을 연결시키는 중요한 인자다. 바울은 성령 체험을 한 후 그것의 종말론적 근거를 구약 성서에서 취했고(겔 37:14; 렘 31:31-34), 그것을 전제로 하여 신자가 종말의 때에 성령을 체험하는 것을 미래에 대한 보장으로 삼았다. 이것은 모든 신자의 공통 체험이기에(고전 12:13; cf. 갈 3:2-5), 바울은 이것에 근거(토대)하여 그리스도인의 일치를 호소했던 것이다.

5. 요한: 만인 기름 부음

요한일서 2:20, 27에서 요한은 예수의 제자와 사이비 제자의 구별을 "기름 부음"(χρῖσμα)의 소유 여부라고 말한다. 대적자들인 "그들"과는 다르게 그리스도인들인 "너희"만이 "주께 받은 바 기름 부음이 너희 안에 거"한다(요일 2:27). 이 기름 부음이 제자들을 인도하는데, 대적자들은 그 기름 부음을 갖고 있지 않다. 요한의 말대로 하면, 곧 기름 부음의 소유 여부가 그 사람이 하나님의 백성인가 아닌가를 가르는 것이다.

그렇다면 여기서 기름 부음은 무엇인가? 근간될 요한서신 주석에서 논자는 이 부분에 대해서 기름 부음을 요한복음에 나오는 보혜사인 성령의 역사로 보았다.

> 본문에서 기름 부음은 말씀을 의미하는가? 아니면 성령을 의미하는가? 먼저, 기름 부음이 말씀을 의미한다고 해도 잘 들어맞는다. 이것은 신자들이 믿을 때 받는 것이고(즉 복음의 말씀), 신자를 가르치는 말씀이고(설교), 거룩한 자로부터 받은 것이고(전수된 말씀), 현재도 신자가 가지고 있는 것(그리스도의 계명)이다. 그래서 몇몇 학자들은 이것을 말씀이라고 본다. 하지만 대다수의 학자들은 본문의 문맥과 요한 신학의 정황에서 성령이 더 잘 부합한다고 본다. 여기에 언급된 모든 기름 부음의 기능은 사실 요한복음에 나오는 보혜사의 기능이다. (i) 신자는 거룩한 자, 곧 예수로부터 기름 부음을 받듯이, 예수로부터 성령을 받는다(요

15:26). (ii) 신자가 기름 부음을 받을 때 모든 것을 아는 것처럼, 보혜사는 신자들에게 모든 것을 가르친다(요 14:26). (iii) 기름 부음이 신자 안에 거하듯이, 성령은 신자 안에 거한다(요 14:17). (iv) 기름 부음이 참된 것처럼 성령은 진리의 영이다(요 16:13). 그 외 신약 성서 내의 여러 배경 문서에서도 기름 부음은 말씀보다는 성령의 역사에 더 가깝다(눅 4:18; 행 10:38). 하지만 여기서 기름 부음이 말씀과 배치되는 성령의 역사를 나타내는 것은 아니다. 요한복음에서 성령의 역할은 말씀의 뜻을 깨닫게 하는 것이며(15:26; cf. 2:22; 16:13), 예수의 말씀을 새로운 상황에 부합하게 이해하게 하는 것이기 때문에(16:13) 말씀과 성령의 사역은 역동적으로 엮여 있다. 곧 여기서 요한이 말하는 기름 부음은 말씀을 통한 성령의 역사라고 할 수 있다.

이렇게 성령과 관계되어 있느냐에 따라 어떤 사람이 제자 공동체에 속했는지, 그렇지 않은 지는 요한이 이미 요한복음에서 말하고 있는 바다. "세상"으로 표현된 불신사 집단은 이 보혜사를 받지도 보지도 알지도 못한다(요 14:17a). 보혜사는 오직 "너희"라고 표현된 제자 공동체 안에 거하고 그 속에 있다(요 14:17b). "너희"와 함께 거하고 "너희" 속에 계신다는 말(παρ' ὑμῖν μένει καὶ ἐν ὑμῖν ἔσται)과 "세상"은 그를 받지도 못하고, "보지도 못하고 알지도 못함이라"(ὁ κόσμος οὐ δύναται λαβεῖν, ὅτι οὐ θεωρεῖ αὐτὸ οὐδὲ γινώσκει)는 말은 그리스도인 공동체와 세상의 운명이 바로 이 보혜사인 성령과 관계를 맺을 수 있는가에 달려 있다는 것을 잘 보여주는 것이다. 여기서 "세상"과 교회 공동체인 "너희"는 극명하게 대조되어 있다. 오직 제자 공동체에게만 예수님은 부활 후 나타나서 "성령을 받으라!"(요 20:22)고 말한다.

요한복음 고별 설교에 나오는 보혜사 본문을 보면, 오직 제자 공동체만이 보혜사를 예수를 잇는 "제 2보혜사"(요 14:16)로 받아들여, 그 보혜사의 구체적인 인도를 받는다(요 16:7-15). 요한복음의 독자인 요한 공동체는 구성원들은 자신들은 바로 이 보혜사의 인도를 지금 받고 있는 사람들로 인식했고, "세상"은 보혜사와 상관없는 사람들로 보았다. 한 마디로 말해, 요한복음과 요한일서에서 요한은 현재의 성령 체험이 그리스도인을 확증해 주는 것이라고 본 것이다(요일 3:24).

요약하면, 신약의 대표 저자들인 누가와 바울과 요한은 각각 성령 체험을 새 언약 백성의 표시로 보았다. 첫째, 누가는 하나님의 백성의 성령 체험이 말세 도래의 표시이며, 이 성령 체험이 하나님의 백성된 표식이라고 보았고, 이제 하나님의 모든 백성은 예언자가 된 것이라고 보았다. 모든 하나님의 백성은 이제 제사장이다. 둘째, 바울은 현 시대를 예수의 재림을 기다리는 시대라는 대 전제 하에 이 시기는 모든 하나님의 백성이 성령을 체험하며, 그것이 바로 미래의 하나님 나라 백성이 되는 보증으로 보았다. 셋째, 요한은 기름 부음 혹은 현재의 성령 체험을 그리스도인의 표식으로 여겨 그것이 없는 것은 그리스도의 제자 무리가 아니라고 보았다.

한 마디로 말해, 신약의 주요 저자인 누가와 바울과 요한은 성령 체험을 그리스도인의 공통 체험으로 보았고, 그것을 통해 어떤 사람이 하나님 백성임이 확인되며, 그것에 기초하여 그리스도인의 일치를 호소했다. 그리스도인은 그리스도의 제자인데 그것을 구별해 볼 수 있는 것은 성령 체험이다. 누가(만인예언자직), 바울(만인 성령 체험), 요한(만인 기름 부음)은 각각 다른 용어 혹은 개념으로 이것을 표현하지만 그들은 신앙 공동체는 성령을 체험한 사람들의 모임이라고 보는 면에서는 그 생각이 일치했다.

6. 나가는 말

누가와 바울과 요한이 새 하나님의 백성이 성령을 체험하는 백성임을 토대로 주로 말한 것이 그 언약 백성의 일치다. 바울도 그 유명한 축도에서(고후 13:13) 인류 구원을 위해 성령이 하는 가장 중요한 일은 하나님과 신자, 그리고 신자와 신자 간의 코이노니아라고 말하고 있다. 넓게 보면, 이것도 다름 아닌 일치다. 교회의 불화와 불일치는 그 어떤 이유로도 정당화 될 수 없는 것이나. 한국 교회도 교파에 따른 신조가 다르고 자신이 따르는 이념이 다를 수 있지만, 그것들도 교회 일치를 깨는데 정당화 할 수 있는 요소가 아니다. 한국 교회 일치를 위해서는 신약 성서 저자들이 생각했던 원칙을 따른다면 우리는 다음과 같은 면에서 우리 교회가 갱신되어야 할 것이다.

첫째, 우리는 교리나 이념이 아니라 성령 체험 안에서 그리스도 예수 안에 있는 체험 안에서 하나가 될 수 있다. 현재 한국 교회의 일치의 토대로서 공통 성령 체험을 말하는 경우가 많지 않다. 현대 교회는 공통 신조를 통해 일치를 추구하지만, 사실 그것은 그리스도인 교파 간의 서로 다름을 확인하는 표로 주로 기능한다. 사실, 누가와 바울과 요한이 성령론에 있어서 강조점이 다르기는 하지만, 새 언약 백성의 공통 토대로 성령 체험을 드는 것에서는 일치한다. 이것이 초기 교회와 한국 교회가 극명하게 다른 점이다. 공통의 성령 체험, 이것이 한국 교회가 일치되기 위해서 회복되어야 할 핵심 요소다.

둘째, 우리는 성령 체험하면서 교회를 개혁하고, 개혁하면서도 성령 체험이 공통으로 있어야 한다. 한국 교회에서 성령 없는 교회 개혁, 교회 개혁 없는 성령 운동의 양극화가 계속되어 오고 있다. 과연 이러한 교회 개혁이 성경적일까? 성령 없이 교회가 올바로 개혁될까? 개혁 없는 교회가 정말로 성령의 인도함을 받는 것일까? 교회가 완전히 깨끗해질 때까지 개혁하고, 개혁이 이루어졌을 때 비로소 일치를 말할 수 있는 것인가? 내가 볼 때, 교회 일치와 교회 개혁은 나란히 손을 잡고 같이 가야 하는 것이다. 개혁하면서 일치하고, 일치하면서 개혁하는 것이 교회 개혁의 올바른 방식이다. 그리스도인 간에는 상대방을 적이 아니라 상호 '형제'라는 바탕 위에서 교회를 개혁해야 한다.

셋째, 우리 교회는 성령을 체험하면서 자연스럽게 평등의 비전을 갖게 된다. 신약 성서에서 성령을 통한 그리스도인의 일치는 자연스럽게 그리스도인의 평등의 비전과 맞닿아 있다. 민족적 차별(유대인/헬라인)과 신분적 차별(자유인/노예), 성차별(남자/여자) 등의 생각은 성령 체험에 의해 무너진다. 초기 교회에서는 성령 체험에 의해 이 모든 견고한 장벽이 쉽게 무너졌다. 우리 한국 교회에서도 성령 체험이 그리스도인의 일치의 비전으로, 그 일치의 비전이 만인 평등의 비전으로 이어지는 것이 정상이다.

미주

서론

1) Thomas C. Oden, 『목회 신학』(서울: 한국신학연구소, 1986), 15.
2) 이효주, "목회 신학이란 무엇인가?: 실천 신학과 공공 신학과의 관계 안에서," 「한국기독교신학논총」 112(2019), 211-250.
3) 예를 들어, 하용조 목사의 설교에 대해서 평가한 연구서로는 이 연구서를 보라. 한국 교회사연구원(편), 『하용조 목사의 설교와 신학』(서울: 두란노, 2005).
4) 조용기 목사의 경우는 예외다. 영산 신학저널이라는 저널을 통해 그의 목회 신학에 대한 논문이 지난 20년간 지속적으로 생산되고 있다.
5) E.g., 정용섭, 『속 빈 설교 꽉찬 설교: 정용섭의 설교 비평1』(서울: 대한기독교서회, 2006); idem, 『설교와 선동 사이에서: 정용섭의 설교 비평 2』(서울: 대한기독교서회, 2007); idem, 『설교의 절망과 희망: 정용섭의 설교 비평 3』(서울: 대한기독교서회, 2008).
6) 김동수, "대천덕 성령론의 공헌과 특징," 「영산 신학저널」 36(2016), 101-128.
7) 김동수, "박영선의 '제 3의 길' 성령론," *Canon and Culture* 별책 1(2015), 105-130.
8) 김동수, "영산 축복론의 확장," 「영산 신학저널」 43(2018), 185-209.
9) 김동수, "요한복음 주석서에 나타난 이상근의 교회 이해," *Canon and Culture* 21(2017), 143-168.
10) 이러한 입장에 대해서는 다음을 보라. Kenneth Archer, *A Pentecostal Hermeneutic for the Twentieth Century: Spirit, Scripture, and Community*(London: T & T Clark International, 2004); John Christopher Thomas, "Women, Pentecostals and the Bible: An Experiment in Pentecostal Hermeneutics," *JPT* 5(1994), 41-56.

1장

1) 고왕인, "사랑합니다 대천덕 신부님-대천덕 신부 소천 5주기에 부쳐: '신부님은 우리 민족의 큰 선생이셨습니다'," 「신앙계」 485(2007), 20-22.
2) 대천덕 신부에 대한 이런 칭호는 이미 조신영이 썼다. 조신영, "하나님 나라의 개척자, 대천덕 신부님," 「플러스 인생」 508(2009), 134-135.
3) 대천덕, 『대천덕 자서전: 개척자의 길』(서울: 홍성사, 1998). 그의 가족의 삶에 대해서는 다음을 보라. 현재인, 『산골짜기 가족 스케치』(서울: 신앙계, 2006); Ruben Clare Johnson, 『내 사랑 황하를 흘러』(서울: 좋은씨앗, 1990).
4) 그의 소리를 듣지 못했더라면 한 청년은 보수파 교회에서 자란 사람으로 이 중 하나만을 취하여 그것을 신주 단지로 모시고 다른 것들은 부정하면서 자신과 다른 생각을 가진 이들을 정죄하는 삶을 살았을 가능성이 높다. 하지만 그를 만나고 난 그 청년은 성령 운동을 하면서도 성경을 연구하는 사람이 되었고, 개인 영성뿐만 아니라 사회적 영성을 추구하는 사람이 되고자 했다. 그 청년이 바로 나다. 대학생 시절 나는 예수원을 부지런히 드나들었다. 또 대천덕 신부가 서울에서 강연을 하면 교회에, 또 대학교에 가서 그의 강연을 들었다. 월간 신앙계에 한 칼럼 코너에 나오는 '산골짜기에서 온 편지'는 나에게 늘 생수와 같았다.
5) 나는 대천덕 신부에게 직접 어떤 관계를 통해서 배운 적은 없지만 그는 나의 사부였고 멘토였다. 20대 시절 나는 대 신부를 너무 좋아하여 늘 그의 글을 읽고 테이프를 통해 설교를 듣다보니 어느새 서양 사람으로 우리말을 하는 그의 말투까지도 닮게 되었다. 나중에는 한 사람에 빠져 예수님이 질투하실 것 같아, 어느 날 그의 설교 테이프를 전부 버리고 책도 친구들에게 다 주어버렸다. 한 10년 가까이 그의 책은 일부러 읽지도 않았다. 그런 후 다시 그를 보았을 때 역시 그는 내가 본 사람 중에서 예수님을 가장 닮은 사람이었다. 그래서 그를 추종하지 않으면서도 그를 좋아하게 되었다.
6) R. A. Torrey, 『성령론』(서울: 대한기독교서회, 1989); idem, 『너희가 믿을 때에 성령을 받았느냐』(서울: 서울양서, 1990).

7) 대천덕, 『산골짜기에서 외치는 소리』(서울: 기독양서, 1983, 2002).

8) 김현진, 『공동체적 교회 회복을 위한 공동체 신학』(서울: 예영커뮤니케이션, 1998); 박찬호, 『주의 성령을 거두지 마옵소서』(용인: 킹덤북스, 2011); Long, Zeb Brad, 『영적 전쟁과 내적 치유』(서울: 이레닷컴, 2008); idem, 『대천덕 신부에게 배우는 영성: 제자도의 영적 리더십에 관한 실천적 교훈들』(서울: 요단, 2005); Long, Zeb Brad and Douglas McMurry, 『성령의 능력으로 사역하라』(서울: 홍성사, 1999).

9) 대천덕, 『산골짜기에서 외치는 소리』(서울: 기독양서, 1983, 2002); idem, 『우리와 하나님』(삼척: 예수원, 1988); idem, 『나와 하나님』(서울: 홍성사, 2004).

10) 대천덕 신부의 아들인 벤 토레이 신부도 그의 아버지의 성경관을 이렇게 말한다. "그[대천덕]는 늘 역사적 상황과 원문의 문맥을 이해하려고 애썼고, 서로 모순되는 것과 서로 관련되는 것을 찾아 비교하며" 읽었다. 벤 토레이, "머리말" in 대천덕, 『대천덕 신부의 통일을 위한 코이노니아』(서울: 홍성사, 2012), 10.

11) 대천덕, 『산골짜기에서 온 편지』(서울: 신앙계, 1982), 188.

12) 대천덕, 『산골짜기에서 외치는 소리』 309.

13) 대천덕, 『우리와 하나님』 201.

14) 대천덕, 『우리와 하나님』 104ff.

15) 대천덕, 『우리와 하나님』 98-106, 187-189.

16) 대천덕, 『우리와 하나님』 160.

17) 대천덕, 『산골짜기에서 외치는 소리』 28.

18) 대천덕, 『산골짜기에서 외치는 소리』 264.

19) 대천덕, 『우리와 하나님』 107.

20) 대천덕, 『대천덕 신부의 통일을 위한 코이노니아』(서울: 홍성사, 2012), 28-31.

21) 대천덕, 『산골짜기에서 외치는 소리』 8.

22) 대천덕, 『산골짜기에서 외치는 소리』 14-17.

23) 대천덕, 『우리와 하나님』 74-76.

24) Horst Balz and Gerhard Schneider(eds.), *EDNT* 2, 88.

25) Max Turner, 『성령과 은사』(서울: 새물결플러스, 2011), 36, 40, 42, 44.
26) Horst Balz and Gerhard Schneider(eds.), "πλήρης," EDNT 2, 106-107.
27) G. Delling, "πληρόω," TDNT 6, 283-311; idem, "πίμπλημι," TDNT 6, 128-134; Max Turner, "Spirit Endowment in Luke/Acts: Some Linguistic Considerations," Vox Evangelica 12(1981), 53-55.
28) 논자는 이 논문이 완성된 후 이 문제를 따로 연구하여 같은 결론을 냈다. 김동수, "누가가 말하는 성령 충만: 한 가지인가? 두 가지인가?," 「신약연구」 15(2016), 678-701.
29) Veli-Matti Kärkkäinen, Penumatology: The Holy Spirit in Ecumenical, International, and Contextual Perspective (Grand Rapids, MI: Eerdmans, 2002), ch. 5.
30) John Zizioulas, 『친교로서의 존재』(서울: 삼원서원, 2012).
31) Veli-Matti Kärkkäinen, Penumatology, 108-111.
32) M. Volf, 『삼위일체와 교회』(서울: 새물결플러스, 2012). 볼프의 신학에 대해서는 김동수, "성서 신학, 더 이상 조직 신학의 토대가 아닌가?: 볼프의 성서의 신학적 이해." Canon and Culture 7(2013), 37-62을 보라.
33) 이에 대한 연구사를 잘 정리한 것으로는 이성찬, "누가의 성령론적 윤리"(미출판 박사 학위 논문; 장신대학교, 2010), 8-18을 보라.
34) Robert P. Menzies, Empowered for Witness: The Spirit in Luke-Acts (Sheffield: Sheffield Academic Press, 1994).
35) James D. G. Dunn, Baptism in the Holy Spirit: A Reexamination of the New Testament Teaching on the Gift of the Spirit in Relation to Pentecostalim Today (London: SCM, 1970).
36) Turner, 『성령과 은사』, 85-117.
37) 이성찬, "누가의 성령론적 윤리".
38) 만약, 이 단어 자체에 이런 의미가 있다면 논지는 더욱 강화될 수 있을 것이다. 그러려면 고대 헬라 문헌과 구약 헬라어 번역(LXX)에서의 용례를 보다 면밀하게

검토해야 할 것이다. 이것은 필자의 다음 연구 과제로 남겨둔다.

39) 예를 들어, 대천덕 신부의 희년과 경제 정의 사상에 영향을 받아 김근주, 김유준, 김회권, 남기업, 신현우, 장성길 등의 학자들이 이에 관한 공동 저술을 내기도 했다. 김근주 외, 『희년, 한국 사회, 하나님 나라』(서울: 홍성사, 2012).

40) 김현진, 『공동체적 교회 회복을 위한 공동체 신학』(서울: 예영커뮤니케이션, 1998).

41) 대천덕 신부의 영향을 받아 저술한 내 첫 책은 김동수, 『성령 운동의 제 3물결』(서울: 예찬사, 1991)이다. 그 이후 방언과 예언에 대한 많은 책과 논문을 냈는데, 『방언은 고귀한 하늘의 언어』(서울: 이레서원, 2008)은 대천덕 신부에게 헌서했다.

42) 박영선, 『성령론』(서울: 크리스챤서적, 1986, 2009).

43) 김동수, "박영선의 '제 3의길' 성령론," 김정우(편), 『약함으로 심고 강함으로 살아나리라: 박영선의 설교와 성서학의 대화』(서울: 도서출판 기혼, 2015), 105-130.

44) 영산의 성령론의 특징에 대해서는 다음을 보라. 김옥주, "성령 안에서의 교제: 대 바질(Basil the Great)과 영산을 중심으로," 『영산 신학저널』 33(2015), 167-194; 민경배, "조용기 목사의 성령 신학과 한국 교회: 한 역사적 접근," 『영산 신학저널』 1(2004), 32-60; 류장현, "영산의 성령론에 관한 신학적 고찰," 『영산 신학저널』 1(2004), 139-171; 배본철, "영산 조용기 목사 60년 사역에 걸친 성령론에 나타난 핵심 논제 분석," 『영산 신학저널』 33(2015), 7-36; 신문철, "영산 조용기 목사의 삼위일체적 성령론," 『영산 신학저널』 2(2004), 41-78; 윤철원, "영산의 성령 신학 분석: 사도행전 8장 해석을 중심으로," 『영산 신학저널』 1(2004), 112-138; 이기성, "루터와 영산의 성령론 비교: 개인과 관련된 성령의 사역을 중심으로," 『영산 신학저널』 2(2004), 79-124; 이영훈, "조용기 목사의 성령론이 한국 교회에 미친 영향," 『영산 신학저널』 2(2004), 125-149; 임승안, "영산 조용기 목사의 성령론," 『영산 신학저널』 1(2004), 61-111; 임형근, "조용기 목사의 성령 이해: 성령과의 교제를 중심으로," 『영산 신학저널』 2(2004), 150-186; 최문홍, "조용기 목사와 성령," 『영산 신학저널』 2(2004), 187-230; Menzies, William W, "조

용기 목사의 성령 충만 신학: 오순절 관점," 『영산 신학저널』 1(2004), 11-31.

45) 영산은 『성령론』(서울: 서울말씀사, 1998)에서 제 1장을 "성령님과의 교제의 중요성"이라는 제목으로 하여 성령과의 교제가 성령론의 핵심으로 보고 있다.

46) 조용기, 『성령론』 7-12.

47) 영산은 성령을 받은 사람의 사명은 증인의 역할을 감당하는 것이라고 하여 고전적 오순절 신학의 주장을 따라가는 것 같지만, 동시에 "오늘날 우리 오순절 교회에 가장 큰 맹점은 '우리가 성령을 받으면 권능을 얻는다.'는 것만 자꾸 강조"하는 것에 있다고 하여 양자를 균형이 필요함을 주장한다. 조용기, 『성령 충만』(군포: 한세대학교출판부, 2012), 40, 194.

48) 고후 13:13에서 "성령의 교통"은 성령님과의 교제인가? 교제하게 하시는 성령의 역사인가? "주 예수의 은혜와 하나님의 사랑과 성령의 교통"이라는 측면에서 볼 때 성령은 주격적 소유격으로 쓰였다. 모두 삼위 하나님 각각의 핵심 역할을 말하는 것이다. 그래서 본문에서 말하는 성령의 역할은 예수와 하나님과 신자가 교제할 수 있도록 다리를 놓는 역할을 하는 분이라는 것이다.

2장

1) Gordon D. Fee, 『신약 성경 해석 방법론』(서울: 크리스챤출판사, 2003), 33.

2) 오성춘, 『성령과 목회』(서울: 대한예수교장로회출판국, 1989), 271-272.

3) 옥한흠(편), 『현대교회와 성령 운동』(서울: 엠마오, 1984).

4) 옥한흠, "성령과 방언," 옥한흠(편), 『현대교회와 성령 운동』(서울: 엠마오, 1984), 148-149.

5) 박영선, 『성령론』 5.

6) 박영선, 『성령론』 77-78.

7) John MacArthur, 『존 맥아더의 다른 불』(서울: 생명의 말씀사, 2014).

8) 박영선, 『성령론』 62.

9) 박영선, 『성령론』 73.

10) 박영선, 『성령론』 75.

11) 박영선, 『성령론』, 75.

12) 박영선, 『성령론』, 82-83.

13) 박영선, 『성령론』, 104.

14) 박영선, 『성령론』, 105.

15) 박영선, 『성령론』, 106.

16) 박영선, 『성령론』, 107.

17) 박영선, 『성령론』, 114.

18) 대천덕, 『산골짜기에서 외치는 소리: 대천덕의 성령론』(서울: 기독양서, 1983).

19) Max Turner, 『성령과 은사』(서울: 새물결플러스, 2011).

20) 김동수, 『방언, 성령의 은사』(용인: 킹덤북스, 2015), 165.

21) 김동수, 『방언, 성령의 은사』, 165.

22) 김동수, "성경에 나타난 예언의 영성: 바울을 중심으로," 「피어선신학논단」 3(2014), 32.

23) Wayne Grudem, 『예언의 은사』(서울: 솔로몬, 2013), 17-18.

24) Grudem, 『예언의 은사』, 19.

25) Richard Gaffin, Jr. 외, 『기적의 은사는 오늘날에 있는가?』(서울: 부흥사개혁사, 2005). 흥미롭게도 원래 책의 편집자는 그루뎀이었는데 우리말로 번역되면서 편집자를 넣지 않고, 출판사의 성향에 맞는 개핀을 대표 저자로 해서 출판했다.

26) Gordon D. Fee, "Hermeneutics and Historial Precedent: A Major Problem in Pentecostal Hermeneutics," in *Perspectives on the New Pentecostalism*, R. P. Spittler(ed.)(Grand Rapids, MI: Eerdmans, 1976), 118-132.

27) 박영선, 『고린도 교회와 은사』(서울: 엠마오, 1999).

28) 김우현, 『하늘의 언어』(서울: 규장, 2007).

29) 옥성호, 『방언, 정말 하늘의 언어인가?』(서울: 부흥과개혁사, 2008).

30) 김동수, 『방언은 고귀한 하늘의 언어』(서울: 이레서원, 2008); idem, 『신약이 말하는 방언』(용인: 킹덤북스, 2009); idem, 『방언, 성령의 은사』.

31) 노우호, 『방언을 검증하자』(경남: 에스라하우스, 2014).

32) 정이철, 『신사도 운동에 빠진 교회: 한국 교회 속의 뒤틀린 성령 운동』(서울: 새물결플러스, 2012); idem, 『제 3의 물결에 빠진 교회』(서울: 에스라서원, 2013).

33) So 김동수, "성령의 은사의 본질," 『피어선신학논단』 1(2012), 5-25.

34) 박영선, 『고린도 교회와 은사』 21. "방언은 어떤 유익이 있고, 예언은 어떤 유익이 있고…이런 것에 대한 설명은 [고전 12-14장에 혹은 고전 12:12-27] 전혀 없습니다."(32)

35) 박영선, 『성령론』 146. 그는 성령 세례를 체험할 때 대개 성령의 은사를 받지만 그렇지 않은 경우도 있다고 한다.

36) 박영선, 『성령론』 142-146.

37) 박영선, 『고린도 교회와 은사』 16.

38) 박영선, 『고린도 교회와 은사』 30, 14, 136.

39) 박영선, 『고린도 교회와 은사』 151.

40) 박영선, 『고린도 교회와 은사』 23.

41) 박영선, 『고린도 교회와 은사』 23.

42) 박영선, 『고린도 교회와 은사』 172.

43) 박영선, 『고린도 교회와 은사』 151.

44) 박영선, 『고린도 교회와 은사』 126; cf. 127, 130.

45) 박영선, 『고린도 교회와 은사』 111.

46) 박영선, 『고린도 교회와 은사』 117-118.

47) 김동수, 『방언은 고귀한 하늘의 언어』; idem, 『신약이 말하는 방언』; idem, 『방언, 성령의 은사』; idem, "성령의 은사의 본질," 5-25; idem, "예배와 예언," 『성경과 신학』 63(2012), 1-25; idem, "신약 성경에 나타난 예언의 영성: 바울을 중심으로," 30-50.

48) 박영선, 『고린도 교회와 은사』 8.

49) 김동수, 『방언, 성령의 은사』 123-127.

50) 박영선, 『고린도 교회와 은사』 159.

51) 박영선, 『고린도 교회와 은사』 8.

52) 박영선,『고린도 교회와 은사』, 12.
53) 박영돈,『일그러진 성령의 얼굴』(서울: IVP, 2011).
54) 김민정, "[합신] 이대위 '두날개선교회 교류 금지' 보고 기각," 뉴스미션(www.newsmission.com) 2015-09-24 10:07:43.

3장

1) 하용조,『사도행전적 교회를 꿈꾼다』(서울: 두란노, 2017), 12.
2) 하용조,『사도행전적 교회를 꿈꾼다』, 23.
3) 앞으로 밝히겠지만, 리버럴한 진영에서는 사도행전에 기록된 기사의 역사적 진실성을 문제 삼고 있고, 보수 진영에서는 사도행전의 장르를 문제 삼아 계시의 방식으로 볼 때 내러티브 장르인 사도행전의 내용은 크리스천의 삶과 의무를 다룬 것이 아니라 하나님의 구속사를 보여준 것이라는 것이다. 그래서 두 진영에서 모두 사도행전의 내용을 오늘날의 삶으로 연결하는 것은 무리라고 본다. 사도행전의 역사성 문제에 대해서는 이 문제를 직접 다룬 유상현,『사도행전 연구』(서울: 대한기독교서회, 1996) 제 2장을 보라. 사도행전의 내러티브 장르와 신학에 대해서는 Martin William Mittelstadt, *Reading Luke-Acts in the Pentecostal Tradition*(Cleveland, TN: CPT, 2010), 82-91을 보라.
4) 한국 교회사연구원(편),『하용조 목사의 설교와 신학』(서울: 두란노, 2005). 여기에는 신약 학자 유상현, 구약 학자 강사문, 조직 신학자 한영태가 하 목사의 설교 세계에 대한 신학적 분석을 한 글이 수록되어 있다. 문성모,『하용조 목사 이야기』(서울: 두란노, 2010)도 주로 그의 설교 세계와 균형 잡힌 사상에 대한 것을 다루었지, 하 목사의 핵심 비전인 "Acts 29" 문제에 집중하지 않았다.
5) 하용조,『사도행전적 교회를 꿈꾼다』, 14.
6) 하용조,『사도행전적 교회를 꿈꾼다』, 114.
7) 하용조,『사도행전적 교회를 꿈꾼다』, 128.
8) 하용조,『사도행전적 교회를 꿈꾼다』, 131-315. 이 부분은 "제 3장 목회 철학"에 나와 있다.

9) 하용조, 『사도행전적 교회를 꿈꾼다』, 156.
10) 하용조, 『사도행전적 교회를 꿈꾼다』, 158-357. 이 부분은 "Part 4 목회 철학적 방법론"에 있는 부분을 내가 정리한 것이다.
111) 하용조, 『사도행전적 교회를 꿈꾼다』, 136
12) 하용조, 『사도행전적 교회를 꿈꾼다』, 117.
13) 하용조, 『사도행전적 교회를 꿈꾼다』, 75, 76, 91, 93, 114.
14) 유상현, "제 1장 오순절의 불의 혀처럼: 하용조 목사의 설교 세계," 한국 교회사연구원(편), 『하용조 목사의 설교와 신학』(서울: 두란노, 2005), 36.
15) 하용조, 『하용조 목사의 사도행전 강해1(1-8장): 성령 받은 사람들』(서울: 두란노, 1999), 77.
16) 이 부분에 관해서는 Howard I. Marshall, 『사도행전』(서울: CLC, 2016), 57-71를 보라. 사도행전 비평사에 대해서는 W. Ward Gasque, 『사도행전 비평사』(서울: 엠마오, 1991)를 보라.
17) 최종상, 『사도행전과 역사적 바울 연구』(서울: 새물결플러스, 2020).
18) Marshall, 『사도행전』(서울: CLC, 2016), 59.
19) Craig S. Keener, *Acts: an Exegetical Commentary*. vol. 1.(Grand Rapids, MI: Baker Academic, 2012), 29.
20) John W. Stott, 『오늘날의 성령의 사역』(서울: 한국 기독교교육연구원, 1983), 14.
21) Mittelstadt, *Reading Luke-Acts in the Pentecostal Tradition*, 83.
22) John Goldingay, "Biblical Story and the Way It Shapes our Story," *EPTA* 17(1997), 5-6. Mittelstadt, *Reading Luke-Acts in the Pentecostal Tradition*, 82에서 재인용.
23) Michael Green, *Thirty Years That Changed the World: The Book of Acts for Today* (Grand Rapids, MI: Eerdmans, 2004), 5.
24) Green, *Thirty Years That Changed the World*, 7.
25) Green, *Thirty Years That Changed the World*, 9-10.
26) Green, *Thirty Years That Changed the World*, 10.

27) E. g., James D. G. Dunn, *Baptism in the Hoy Spirit*(London: SCM, 1970), 53; Ben Witherington III, *The Acts of the Apostles: A Socio-Rhetorical Commentary*(Gran Rapids, MI, 1998), 132.

28) Robert P. Menzies, *Pentecost: This Story is Our Story*(Springfield, MO, 2013), 28.

29) Menzies, *Pentecost*, 27.

30) Menzies, *Pentecost*, 31.

31) Menzies, *Pentecost*, 34.

32) Menzies, *Pentecost*, 35-37.

33) Craig S. Keener, 『성령 해석학: 오순절 관점으로 성서 읽기』 80.

34) Keener, 『성령 해석학: 오순절 관점으로 성서 읽기』 146.

35) Keener, 『성령 해석학: 오순절 관점으로 성서 읽기』 146-147.

36) 이 부분에 대해서는 Mittelstadt, *Reading Luke-Acts in the Pentecostal Tradition*, 82-91과 187-190을 보라.

37) 최근 나는 이런 입장에서 사도행전을 설교한 책을 냈다. 김동수, 『코람데오 플러스: 사도행전이 제시하는 신앙의 길』(용인: 킹덤북스, 2020).

4장

1) 김동수, "삼중축복에 대한 성서 신학적 이해," 국제신학연구원(편), 『조용기 목사의 삼중축복에 대한 신학적 이해』(서울: 서울말씀사, 2000), 103-125.

2) 예. 권혁승, "구약 샬롬축복론의 관점에서 본 영산의 삼중축복론," 『영산 신학저널』 3(2008), 141-68; Wonsuk Ma, "David Yonggi Cho's Theology of Blessing: Basis, Legitimacy, and Limitations," *ERT* 35(2011), 140-59.

3) 장흥길, "영산 조용기 목사의 사회 구원 이해에 관한 신약 성서 윤리적 평가," 『영산 신학저널』 17(2009), 119. 그 자신이 요한삼서 2절을 주석하여 영산의 삼중축복론이 성서 신학적 정당성이 있는지를 다루었다.

4) 김동수, "(바울/요한) 서신서에 나타난 축복," 『그말씀』(2016년 11월호), 183-201.

5) 보다 자세한 것은 본 논문 "IV. 1. 영산의 축복론의 공헌" 부분을 보라.
6) 조용기, 『삼박자 구원』(서울: 서울말씀사, 1977); idem, 『오중복음과 삼중축복』(서울: 서울말씀사, 1998).
7) Paul Yonggi Cho, *Salvation, Health and Prosperity: Our Threefold Blessings in Christ* (Alamonte Springs, FL, 1987), 55.
8) Cho, *Salvation, Health and Prosperity*, 67, 68-69.
9) John Christopher Thomas, "Healing in the Atonement: A Johannine Perspective," *JPT* 14(2005), 23-39; 김동수, 『신약 성서 해석』(서울: 한국성서학연구소, 2017), 제 4장 신약이 말하는 치유.
10) Cho, *Salvation, Health and Prosperity*, 131-32.
11) Cho, *Salvation, Health and Prosperity*, 16; 조용기, 『우리의 치료자 예수님』(서울: 서울말씀사, 2006), 13-37; idem, 『병을 짊어지신 예수님』(서울: 서울말씀사, 2017), 15-22; 106-125.
12) Cho, *Salvation, Health and Prosperity*, 12.
13) 조용기, 『삼박자 구원』, 17-19.
14) 조용기, 『오중복음과 삼중축복』, 262.
15) 김동수, "(바울/요한) 서신서에 나타난 축복," 190-91.
16) 조용기, 『공동서신』(서울: 서울말씀사, 2008), 473-76.
17) Cho, *Salvation, Health and Prosperity*, 11-12.
18) 권미선, 신문철, "현대 성서 해석에 대한 미드라쉬적 제언: 영산 조용기 목사의 미드라쉬적 성서 해석을 중심으로," 『영산 신학저널』 24(2012), 99-136.
19) M. Volf and Ryan McAlly-Linz, 『행동하는 기독교』(서울: IVP, 2017), 36.
20) M. Volf and Ryan McAlly-Linz, 『행동하는 기독교』, 36.
21) M. Volf and Ryan McAlly-Linz, 『행동하는 기독교』, 37.
22) M. Volf and Ryan McAlly-Linz, 『행동하는 기독교』, 37.
23) M. Volf and Ryan McAlly-Linz, 『행동하는 기독교』, 38.
24) M. Volf and Ryan McAlly-Linz, 『행동하는 기독교』, 38.

25) M. Volf and Ryan McAlly-Linz, 『행동하는 기독교』 38.

26) M. Volf, 『광장에서 선 기독교』(서울: IVP, 2014), 13. 볼프는 기독교는 세상과 무관하게 삶으로써 "세상에서 '배제'되는 위험"과 세상을 강압적으로 변화시키려고 함으로써 "세상 전체로 '침투'하는 위험"을 가지고 있다고 한다(17).

27) Volf, 『광장에서 선 기독교』 1장 신앙의 기능 장애

28) Volf, 『광장에서 선 기독교』 110-13.

29) Volf and McAlly-Linz, 『행동하는 기독교』

30) M. Volf, 『인간의 번영』(서울: IVP, 2017).

31) Volf, 『인간의 번영』 특히 제 4장.

32) M. Volf, 『알라: 기독교와 이슬람의 신은 같은가?』(서울: IVP, 2016), 342.

33) Volf, 『알라: 기독교와 이슬람의 신은 같은가?』 27, 29.

34) Volf, 『인간의 번영』 15.

35) Volf and McAlly-Linz, 『행동하는 기독교』 35.

36) Volf and McAlly-Linz, 『행동하는 기독교』 40.

37) Volf and McAlly-Linz, 『행동하는 기독교』, 46.

38) Volf and McAlly-Linz, 『행동하는 기독교』, 48-51.

39) Volf, 『인간의 번영』 32-36.

40) M. Volf, "Materiality of Salvation: An Investigation in the Soteriologies of Liberation and Pentecostal Theologies," *Journal of Ecumenical Studies* 26(1989), 447-67.

41) Volf, 『인간의 번영』 30-32; idem, 『기억의 종말』(서울: IVP, 2016).

42) Volf, 『알라: 기독교와 이슬람의 신은 같은가?』 12.

43) Volf, 『광장에서 선 기독교』 117.

44) 물론 이러한 비판은 정당하지 않은 것이었다. 이러한 비판은 대개 정치적 목적을 가진 것이었다. 김동수, 『영산 조용기 목사의 삶과 사상』(용인: 킹덤북스, 2010), 261-62.

45) 이에 관한 논쟁으로는 다음을 보라. 이영훈, "번영 신학에 대한 성경의 교훈," 『성

경과신학」 17(1995), 25-51; W. W. Gasque, "번영 신학과 신약 성경," 「성경과신학」 17(1995), 52-63.

46) Simon K. H. Chan, "The Pneumatology of Paul Yonggi Cho," *AJPS* 7(2004), 79-99.

47) 윌리암 멘지스(William W. Menzies)와 앤더슨(Allan Anderson)은 이 신학이 오순절 신학의 한국적 토착화라고 본다. William W. Menzies, "조용기 목사의 성령 충만 신학: 오순절적 관점," 「영산 신학저널」 1(2004), 11-31; Allan Anderson, "한국에서의 상황화 신학으로서의 영산의 오순절 신학," 순복음신학연구소(편), 『21세기 신학적 패러다임을 위한 조용기 목사의 신학』(군포: 한세대학교출판부, 2003), 311-42.

48) 란드러스도 영산이 요한삼서를 가난과 질병으로부터 "탈출 메시지"로 본 것은 적절한 것이었다고 본다. Heather L. Landrus, "Hearing 3 John in the Voices of History," *JPT* 11(2002), 70-88.

49) 마원석도 가난이라는 변수가 상수가 아닌 21세기 한국 상황에서 본래의 삼중축복의 신학은 제한성이 있다고 본다. 또 삼중축복의 목적이 개인의 복지를 향한 것인지 아니면 무엇인지가 분명하지 않은데 이 부분에 대한 정리가 필요하다고 본다. Ma, "David Yonggi Cho's Theology of Blessing," 158-59. 박만은 영산의 축복론이 루터의 십자가 신학에 의해서 보완되어야 할 것을 제안한다. 박만, "십자가 신학의 빛으로 본 영산 조용기 목사의 '축복의 복음'," 「영산 신학저널」 30(2014), 119-52.

50) Sebastian C. H. Kim은 삼중축복의 신학을 일종의 기복 신앙이고, 그것은 자신의 복지에 집중되어 있는데, 21세기에 들어선 이 시점에서는 보다 타인을 생각하는 신학으로 발전되어야 한다고 본다. 그는 북한의 가난과 통일, 한국에서의 외국 노동자의 인권 등을 고려한 상황이 신학화에 새롭게 고려되어야 할 중요한 요소로 본다. Sebastian C. H. Kim, "The Problem of Poverty in Post-War Korean Christianity," *Transformation* 24(2007), 43-50. 칼빈에 대한 연구에서도 역사학자들은 그의 사상을 조직 신학적으로 이해하는 것도 필요하지만, 역사적 정화

에 따른 그의 주장을 이해하는 것도 필요하다고 본다.

51) 볼프 자신이 이미 이러한 성서 신학과 조직 신학의 원리에 대해서 세세히 설명하고, 그것을 "신학적 성서 읽기"라고 부르면서, 그 원칙을 자신의 신학에 적용하고 있다고 천명한 바 있다. M. Volf, 『하나님의 말씀에 사로잡혀』(서울: 국제제자훈련원, 2012). Cf. 김동수, "성서 신학, 더 이상 조직 신학의 토대가 아닌가?," *Canon and Culture* 13(2013), 37-62.

52) M. Volf, 『삼위일체와 교회』(서울: 새물결플러스, 2012).

53) 예를 들어, 다음과 같은 책을 보라. M. Volf, 『베풂과 용서』(서울: 복있는 사람, 2008); idem, 『배제와 포용』(서울: IVP, 2012).

54) 김의환을 비롯한 개혁주의 신학자들은 번영 신학을 대개 부정적인 의미로 쓴다. 김의환, "한국 교회의 성장 둔화와 번영 신학," 『신학지남』 256(1998), 9-21.

55) M. Volf, "The Crown of Good Life: A Hypothesis," M. Volf and Justin E. Crisp(eds.), in *Joy and Human Flourishing* (Minneapolis: Fortress, 2015), 127-35.

56) Cf. 김회권, "해설," in 『행동하는 기독교』, 351-60.

57) 김동수, "(바울/요한) 서신서에 나타난 축복," 196.

5장

1) 김성규, "정류 이상근과 마가복음," 『제 3회 정류 이상근 연구 학술대회 자료집』(대구: 대구제일교회, 2016), 12-26. 김성규는 이상근의 마가복음 주석이 전문 학술 주석서가 아닌 이유를 다음과 같이 잘 설명하고 있다. 첫째, 이상근은 학술 서적에 부합하는 각주 등을 달지 않았다. 둘째, 이상근은 주석서 외에 학술 논문을 참고 자료로 제시하지 않았다. 셋째, 이상근은 본문 비평적 문제를 다루기는 했지만 이에 대한 자신의 학술적 평가를 하지 않았다.

2) 문병구, "정류 이상근 박사의 고린도전서 주해에 나타난 신학 사상," 『성경과신학』 80 (2016), 80; 유창형, "베드로전서 3:18-20, 4:6에 관한 이상근과 칼빈의 견해 비교 연구," 『한국개혁신학』 36 (2012), 96.

3) 이상근 목사 사후 최근 10년 어간에 그의 신학에 대한 학술 연구가 활발히 이루어져 왔다. 2012년에 발간된 한국개혁신학 36호는 이상근 신학을 특집으로 다루고 있다. 권호덕, "칼빈의 시각으로 본 정류 이상근 목사," 「한국개혁신학」 36 (2012), 16-65; 배재욱, "정류(靜流) 이상근 박사의 신학 단초와 마태복음 주해," 「한국개혁신학」 36 (2012), 178-206; 소기천, "이상근 목사의 개혁 신학과 신앙: 「이상근 강해 설교」 1-30권과 「신약 주해」 1-12권을 중심으로," 「한국개혁신학」 36 (2012), 66-95; 유창형, "베드로전서 3:18-20, 4:6에 관한 이상근과 칼빈의 견해 비교 연구," 96-131. 그 이후 이상근 연구 학술대회를 통하여 여러 논문들이 발표되고 있다. 문병구, "정류 이상근 박사의 고린도전서 주해에 나타난 신학 사상," 215-240.

4) 「제 3회 정류 이상근 연구 학술대회 자료집」 (대구: 대구제일교회, 2016)을 참조하라.

5) 이상근, 「요한복음」 (대구: 성등사, 1961).

6) 이상근, 「신약 성서 개론」 (서울: 한국장로교출판사, 2002); idem, 「등대가 있는 외딴 섬」 (서울: 두란노, 2002); idem, "성경 해석, 나는 이렇게 생각한다 2: 목회는 바른 성경 해석에서 살아난다," 「목회와신학」 81 (1996), 122; idem, "요한복음-절기 끝날의 외침: 요 7:37-44," 「그말씀」 (1994년 6월호), 302-306.

7) 이상근, 「요한복음」 1.

8) 이상근, 「요한복음」 24.

9) P. Gardner-Smith, *Saint John and Synoptic Gospels* (Cambridge: CUP, 1938).

10) J. Louis Martyn, "Glimpses into the History of Johannine Community," *The Gospel of John in Christian History: Essays for Interpreters* (N. Y.: Paulist Press, 1978), 90-121.

11) 이상근, 「요한복음」 iv.

12) 이상근, 「요한복음」 21.

13) 이상근, 「요한복음」 193.

14) 이상근, 「요한복음」 195.

15) 이상근,『요한복음』194.
16) 이상근,『요한복음』270.
17) 이상근,『요한복음』305.
18) 이상근,『요한복음』305.
19) 이상근,『요한복음』207.
20) 이것에 대해서는 Dongsoo Kim, "The Church in the Gospel of John," upublished Ph.D thesis, University of Cambridge, 1999, ch. 3 Other Possible Images of Christ and the Church를 보라.
21) 이에 대해서는 다음을 보라. R. Alan Culpepper, "Designs for the Church in the Gospel Accounts of Jesus' Death," *NTS* 51 (2005), 376-392; idem, "The Quest for the Church in the Gospel of John," *Int* 63 (2009), 341-354; idem, "Design for the Church in John 20, 19-23," Joseph Verheyden et al, eds., *Studies in the Gospel of John and its Christology: FS. Gilbert van Belle* (Leuven: Peeters, 2014), 501-518.
22) 이상근,『요한복음』140.
23) A. Loisy, *The Gospel and the Church* (Philadelphia: Fortress, 1976), 166.
24) R. Bultmann, *The Theology of the New Testament*, vol. 2 (N. Y.: Charles Scribner's Sons, 1955), 8, 91.
25) Culpepper, "The Quest for the Church in the Gospel of John," 353.
26) 이상근,『요한복음』21.
27) '통적적'이라는 말을 나는 여기서 '전체적으로 일관성 있는 하나의 교리 체계를 갖춘 책으로 이해하는' 의미로 쓴 것이다. 신약 성서 주석에 관련해서 보면 이것은 성서 개별 저자의 개별성보다는 신약 성서 전체가 교리적으로 서로 통일성을 이룬다는 전제하에 신약 성서 전체를 하나의 책으로 읽는 것을 말한다.
28) 칼빈의 성서 해석에 대해서는 다음을 보라. 천사무엘, "칼빈의 구약 성서 주석에 나타난 해석의 원리와 방법,"「대학과 선교」12 (2007), 215-246. 천사무엘은 칼빈도 구약 성서와 신약 성서를 통일체로 보고 신약의 교리의 눈으로 구약 본문

을 이해하려는 측면이 있었다고 본다. 권호덕은 성서를 통전적으로 본다는 면에서 이상근이 충실한 칼빈주의자였다고 보았다. 권호덕, "칼빈의 시각으로 본 정류 이상근 목사," 16-65. 이러한 교리적 해석은 "성경이 성경을 해석한다"는 칼빈의 성서 해석의 원리와 맥을 같이하는 것이다. 손석태, "칼빈의 성서 해석,"「개신논집」9 (2009), 1-39.

29) 이런 방법으로 요한 교회론의 특징을 밝힌 것들에는 다음과 같은 것들이 있다. 첫째, 요한의 교회론은 여성과 남성, 12제자와 일반 제자를 계급으로 나누지 않고 모두를 제자로 보는 평등의 비전이 그 특징이다. 둘째, 요한 교회론은 당시 공교회주의(Early Catholicism)로 가는 방향을 역으로 가는, 일종의 교회 갱신적인 것이었다. R. E. Brown, *The Churches the Apostles Left Behind* (N. Y.: Paulist Press, 1984).

30) 이에 관한 논자의 글로는 다음을 보라. 김동수,『요한복음의 교회론』(서울: 대한기독교서회, 2005); idem, "이것이 신약이 말하는 교회다,"「신학지평」24 (2011), 129-143; idem, "요한복음에 나타난 교회와 교직 이해,"「신약논단」7 (2000), 245-262; idem, "신약 성서는 교황제를 지지하는가?: 마태복음 16:18-19을 중심으로,"「신약논단」22 (2015), 565-594; idem, "신약의 교회 지도력 모델,"「교회성장가이드」95 (2001년 5월), 32-37.

31) Culpepper, "The Quest for the Church in the Gospel of John," 341-354.

참고 문헌

서론

김남석. "한국 교회 공공성 회복을 위한 목회 신학 연구: 목회자의 공적 윤리 의식 고양의 필요성과 과제를 중심으로." 「신학연구」 70(2017), 155-181.

이효주. "목회 신학이란 무엇인가?: 실천 신학과 공공 신학과의 관계 안에서." 「한국기독교신학논총」 112(2019), 211-250.

Archer, Kenneth. *A Pentecostal Hermeneutic for the Twentieth Century: Spirit, Scripture, and Community*. London: T & T Clark International, 2004.

Oden, Thomas C. 『목회 신학』. 서울: 한국신학연구소, 1986.

Thomas, John Christopher. "Women, Pentecostals and the Bible: An Experiment in Pentecostal Hermeneutics." *JPT* 5(1994), 41-56.

1장

고왕인. "사랑합니다 대천덕 신부님-대천덕 신부 소천 5주기에 부쳐: '신부님은 우리 민족의 큰 선생이셨습니다.'" 「신앙계」 485(2007), 20-22.

김동수. 『성령 운동의 제 3물결』. 서울: 예찬사, 1991.

_____. 『방언은 고귀한 하늘의 언어』. 서울: 이레서원, 2008; 개정판 2012.

_____. "성서 신학, 더 이상 조직 신학의 토대가 아닌가?: 볼프의 성서의 신학적 이해." *Canon and Culture* 7(2013), 37-62.

_____. "박영선의 '제 3의 길' 성령론," 김정우(편), 『약함으로 심고 강함으로 살아나리라: 박영선의 설교와 성서학의 대화』. 서울: 도서출판 기혼, 2015, 105-130.

김근주 외. 『희년, 한국 사회, 하나님 나라』. 서울: 홍성사, 2012.

김옥주. "성령 안에서의 교제: 대바질(Basil the Great)과 영산을 중심으로." 「영산신학저널」 33(2015), 167-194.

김현진. 『공동체적 교회 회복을 위한 공동체 신학』. 서울: 예영커뮤니케이션, 1998.

대천덕. 『산골짜기에서 외치는 소리』. 서울: 기독양서, 1983, 2002.

_____. 『우리와 하나님』. 삼척: 예수원, 1988.

_____. 『나와 하나님』. 서울: 홍성사, 2004.

_____. 『대천덕 신부의 통일을 위한 코이노니아』. 서울: 홍성사, 2012.

_____. 『대천덕 자서전: 개척자의 길』. 서울: 홍성사, 1998.

_____. 『토지와 자유』. 서울: 도서출판 무실, 1989.

_____. 『산골짜기에서 온 편지』. 서울: 신앙계, 1982.

_____. 『산골짜기에서 온 편지 2』. 서울: 신앙계, 1985.

_____. 『산골짜기에서 온 편지 3』. 서울: 신앙계, 1990.

_____. 『산골짜기에서 온 편지 4』. 서울: 신앙계, 2010.

_____. 『산골짜기에서 온 편지 5』. 서울: 신앙계, 1998.

_____. 『기독교는 오늘을 위한 것』. 서울: 무실, 1990.

_____. 『신학과 사회에 대한 성경의 가르침』. 서울: CUP, 1994.

_____. 『교회력에 따른 대천덕 절기 설교』. 서울: 홍성사, 2006.

_____. "부동산에 묶인 한국 교회-자유를 선포하라." 「월간고신」 305(2007), 30-33.

민경배. "조용기 목사의 성령 신학과 한국 교회: 한 역사적 접근." 「영산신학저널」 1(2004), 32-60.

류장현. "영산의 성령론에 관한 신학적 고찰." 「영산신학저널」 1(2004),

139-171.

박영선. 『성령론』. 서울: 크리스챤서적, 1986, 2009.

박찬호. 『주의 성령을 거두지 마읍소서』. 용인: 킹덤북스, 2011.

배본철. "영산 조용기 목사 60년 사역에 걸친 성령론에 나타난 핵심 논제 분석."「영산신학저널」33(2015), 7-36.

신문철. "영산 조용기 목사의 삼위일체적 성령론."「영산신학저널」 2(2004), 41-78.

윤철원. "영산의 성령 신학 분석: 사도행전 8장 해석을 중심으로."「영산 신학저널」1(2004), 112-138.

이기성. "루터와 영산의 성령론 비교: 개인과 관련된 성령의 사역을 중심 으로."「영산신학저널」2(2004), 79-124.

이영훈. "조용기 목사의 성령론이 한국 교회에 미친 영향."「영산신학저 널」2(2004), 125-149.

이성찬. "누가의 성령론적 윤리". 미출판 박사 학위 논문; 장신대학교, 2010.

임승안. "영산 조용기 목사의 성령론."「영산신학저널」1(2004), 61-111.

임형근. "조용기 목사의 성령 이해: 성령과의 교제를 중심으로."「영산신 학저널」2(2004), 150-186.

조신영. "하나님 나라의 개척자, 대천덕 신부님."「플러스인생」508(2009), 134-135.

조용기. 『성령 충만』. 군포: 한세대학교출판부, 2012.

_____. 『성령론』. 서울: 서울말씀사, 1998.

최문홍. "조용기 목사와 성령."「영산신학저널」2(2004), 187-230.

현재인. 『산골짜기 가족 스케치』. 서울: 신앙계, 2006.

_____. "사랑합니다 대천덕 신부님- 대천덕 신부 소천 5주기에 부쳐: '당 신은 내게 특별한 사람입니다.'"「신앙계」485(2007), 17-19.

Delling, G. "πληρόω." *TDNT* 6, 283-311.

_____. "πίμπλημι." *TDNT* 6, 128-134.

Dunn, James D. G. *Baptism in the Holy Spirit: A Reexamination of the New Testament Teaching on the Gift of the Spirit in Relation to Pentecostalim Today.* London: SCM, 1970.

Green, Michael. *Thirty Years That Changed the World: The Book of Acts for Today.* Grand Rapids, MI: Eerdmans, 2004.

Johnson, Ruben Clare. 『내 사랑 황하를 흘러』. 서울: 좋은씨앗, 1990.

Kärkkäinen, Veli-Matti. *Penumatology: The Holy Spirit in Ecumenical, International, and Contextual Perspective.* Grand Rapids, MI: Eerdmans, 2002.

Long, Zeb Brad, 『영적 전쟁과 내적 치유』. 서울: 이레닷컴, 2008.

_____. 『대천덕 신부에게 배우는 영성: 제자도의 영적 리더십에 관한 실천적 교훈들』. 서울: 요단, 2005.

Long, Zeb Brad and Douglas McMurry, 『성령의 능력으로 사역하라』. 서울: 홍성사, 1999.

Menzies, R. P. *Empowered for Witness: The Spirit in Luke-Acts.* Sheffield: Sheffield Academic Press, 1994.

Menzies, William W. "조용기 목사의 성령 충만 신학: 오순절 관점." 「영산신학저널」 1(2004), 11-31.

Torrey, R. A. 『성령론』. 서울: 대한기독교서회, 1989.

_____. 『너희가 믿을 때에 성령을 받았느냐』. 서울: 서울양서, 1990.

Turner, Max. 『성령과 은사』. 서울: 새물결플러스, 2011.

_____. "Spirit Endowment in Luke/Acts: Some Linguistic Considerations." *Vox Evangelica* 12(1981), 45-63.

Volf, M. 『삼위일체와 교회』. 서울: 새물결플러스, 2012.

3장

김동수. 『코람데오 플러스: 사도행전이 제시하는 신앙의 길』. 용인: 킹덤북스, 2020.

문성모. 『하용조 목사 이야기』. 서울: 두란노, 2010.

조광호. "사도행전 11:27-30을 통해 본 사도행전의 역사성 문제." 「신약논단」 16(2009), 427-460.

유상현. 『사도행전 연구』. 서울: 대한기독교서회, 1996.

하용조. 『사도행전적 교회를 꿈꾼다』. 서울: 두란노, 2017.

_____. 『바람처럼 불처럼』. 서울: 두란노, 2003.

_____. 『하용조 목사의 사도행전 강해1(1-8장): 성령 받은 사람들』. 서울: 두란노, 1999.

한국 교회사연구원(편), 『하용조 목사의 설교와 신학』. 서울: 두란노, 2005.

Dunn, James D. G. *Baptism in the Hoy Spirit*. London: SCM, 1970.

Gasque, W. Ward. 『사도행전 비평사』. 서울: 엠마오, 1991.

Goldingay, John. "Biblical Story and the Way It Shapes our Story." *EPTA* 17(1997), 5-15.

Green, Michael. *Thirty Years That Changed the World: The Book of Acts for Today*. Grand Rapids, MI: Eerdmans, 2004.

Keener, Craig S. 『성령 해석학: 오순절 관점으로 성서 읽기』. 서울: 새물결플러스, 2020.

_____. *Acts: an Exegetical Commentary*. vol. 1. Grand Rapids, MI: Baker Academic, 2012.

Marshall, Howard I. 『사도행전』. 서울: CLC, 2016.

Menzies, Robert P. *Pentecost: This Story is Our Story*. Springfield, MO, 2013.

Mittelstadt, Martin William. *Reading Luke-Acts in the Pentecostal Tradition*. Cleveland, TN: CPT, 2010.

Witherington III, Ben. *The Acts of the Apostles: A Socio-Rhetorical Commentary*. Grand Rapids, MI, 1998.

4장

권미선, 신문철. "현대 성서 해석에 대한 미드라쉬적 제언: 영산 조용기 목사의 미드라쉬적 성서 해석을 중심으로."「영산신학저널」 24(2012), 99-136.

권혁승. "구약 샬롬축복론의 관점에서 본 영산의 삼중축복론."「영산신학저널」 3(2008), 141-68.

김동수.『영산 조용기 목사의 삶과 사상』. 용인: 킹덤북스, 2010.

____.『신약 성서 해석』. 서울: 한국성서학연구소, 2017.

____. "삼중축복에 대한 성서 신학적 이해." 국제신학연구원(편),『조용기 목사의 삼중축복에 대한 신학적 이해』. 서울: 서울말씀사, 2000, 103-125.

____. "(바울/요한) 서신서에 나타난 축복."「그말씀」(2016년 11월호), 183-201.

____. "성서 신학, 더 이상 조직 신학의 토대가 아닌가?." *Canon and Culture* 13(2013), 37-62.

김의환. "한국 교회의 성장 둔화와 번영 신학."「신학지남」 256(1998), 9-21.

김회권. "해설," in『행동하는 기독교』. 서울: IVP, 2017, 351-60.

박만. "십자가 신학의 빛으로 본 영산 조용기 목사의 '축복의 복음'."「영산신학저널」 30(2014), 119-52.

순복음교육연구소(편).『오중복음 & 삼박자 축복』. 서울: 서울서적,

1988.

이영훈. "번영 신학에 대한 성경의 교훈."「성경과신학」17(1995), 25-51.

장흥길. "영산 조용기 목사의 사회 구원 이해에 관한 신약 성서 윤리적 평가."「영산신학저널」17(2009), 93-133.

조용기.『삼박자 구원』. 서울: 서울말씀사, 1977.

_____.『오중복음과 삼중축복』. 서울: 서울말씀사, 1998.

_____.『공동서신』. 서울: 서울말씀사, 2008.

_____.『우리의 치료자 예수님』. 서울: 서울말씀사, 2006.

_____.『병을 짊어지신 예수님』. 서울: 서울말씀사, 2017.

Anderson, Allan. "한국에서의 상황화 신학으로서의 영산의 오순절 신학." 순복음신학연구소(편),『21세기 신학적 패러다임을 위한 조용기 목사의 신학』. 군포: 한세대학교출판부, 2003, 311-42.

Chan, Simon K. H. "The Pneumatology of Paul Yonggi Cho." *AJPS* 7(2004), 79-99.

Cho, Paul Yonggi. *Salvation, Health and Prosperity: Our Threefold Blessings in Christ.* Alamonte Springs, FL, 1987.

Gasque, W. W. "번영 신학과 신약 성경."「성경과신학」17(1995), 52-63.

Kim, Sebastian C. H. "The Problem of Poverty in Post-War Korean Christianity." *Transformation* 24(2007), 43-50.

Ma, Wonsuk. "David Yonggi Cho's Theology of Blessing: Basis, Legitimacy, and Limitations." *ERT* 35(2011), 140-59.

Landrus, Heather L. "Hearing 3 John in the Voices of History." *JPT* 11(2002), 70-88.

Menzies, William W. "조용기 목사의 성령 충만 신학: 오순절적 관점."「영산신학저널」1(2004), 11-31.

Thomas, John Christopher. "Healing in the Atonement: A Johannine Perspective." *JPT* 14(2005), 23-39.

Volf, M. 『광장에서 선 기독교』. 서울: IVP, 2014.
_____. 『인간의 번영』. 서울: IVP, 2017.
_____. 『알라: 기독교와 이슬람의 신은 같은가?』. 서울: IVP, 2016.
_____. 『기억의 종말』. 서울: IVP, 2016.
_____. 『삼위일체와 교회』. 서울: 새물결플러스, 2012.
_____. 『베풂과 용서』. 서울: 복있는 사람, 2008.
_____. 『배제와 포용』. 서울: IVP, 2012.
_____. "Materiality of Salvation: An Investigation in the Soteriologies of Liberation and Pentecostal Theologies," *Journal of Ecumenical Studies* 26(1989), 447-67.
_____. "The Crown of Good Life: A Hypothesis," M. Volf and Justin E. Crisp(eds.), in *Joy and Human Flourishing*. Minneapolis: Fortress, 2015, 127-35.
Volf M. and Ryan McAlly-Linz, 『행동하는 기독교』. 서울: IVP, 2017.

5장

권호덕. "칼빈의 시각으로 본 정류 이상근 목사." 「한국개혁신학」 36 (2012), 16-65.
김동수. "신약 성서는 교황제를 지지하는가?: 마태복음 16:18-19을 중심으로." 「신약논단」 22 (2015), 565-594.
_____. "이것이 신약이 말하는 교회다." 「신학지평」 24 (2011), 129-143.
_____. 『요한복음의 교회론』. 서울: 대한기독교서회, 2005.
_____. "신약의 교회 지도력 모델." 「교회성장가이드」 95 (2001년 5월), 32-37.
_____. "요한복음에 나타난 교회와 교직 이해." 「신약논단」 7 (2000), 245-262.

문병구. "정류 이상근 박사의 고린도전서 주해에 나타난 신학 사상."「성경과신학」80 (2016), 215-240.

민영진. "이상근 주해의 특성과 과제."「목회와 신학」122 (1999), 160-163.

배재욱. "요한복음의 그리스도론과 대승불교의 불타론: 정류(靜流) 이상근의 부다(Buddha) 이해를 중심으로."「신약논단」23 (2016), 159-186.

_____. "정류(靜流) 이상근 박사의 신학 단초와 마태복음 주해."「한국개혁신학」36 (2012), 178-206.

_____. "정류(靜流) 이상근 박사의 신학 사상."「장신논단」36 (2009), 71-101.

소기천. "이상근 목사의 개혁 신학과 신앙:「이상근 강해 설교」1-30권과「신약 주해」1-12권을 중심으로."「한국개혁신학」36 (2012), 66-95.

손석태. "칼빈의 성서 해석."「개신논집」9 (2009), 1-39.

유창형. "베드로전서 3:18-20, 4:6에 관한 이상근과 칼빈의 견해 비교 연구."「한국개혁신학」36 (2012), 96-131.

정영환. "정류 이상근 목사의 목양의 길."「목회와 신학」122 (1999), 170-173.

주승중. "과학적인 준비를 예술적으로 선포한 이상근 목사의 설교 세계."「장신논단」22 (2004), 265-298.

주승중. "이상근 주해와 설교."「목회와 신학」122 (1999), 164-169.

이상근.『신약 성서 개론』. 서울: 한국장로교출판사, 2002.

_____.『등대가 있는 외딴 섬』. 서울: 두란노, 2002.

_____. "성경 해석, 나는 이렇게 생각한다 2: 목회는 바른 성경 해석에서 살아난다."「목회와 신학」81 (1996), 122.

_____. "요한복음-절기 끝날의 외침: 요 7:37-44."「그말씀」(1994년 6월

호), 302-306.

_____. 『요한복음』. 대구: 성등사, 1961.

천사무엘. "칼빈의 구약 성서 주석에 나타난 해석의 원리와 방법."「대학과 선교」12 (2007), 215-246.

Brown, R. E. *The Churches the Apostles Left Behind*. N. Y.: Paulist Press, 1984.

_____. *The Gospel according to John*. 2 vols.; N. Y.: Doubleday, 1966-1969.

Bultmann, R. *The Theology of the New Testament*. vol. 2; N. Y.: Charles Scribner's Sons, 1955.

Bauckham, Richard. "The 153 Fish and the Unity of the Fourth Gospel." *Neot* 36 (2002), 77-88.

Culpepper, R. Alan. "Design for the Church in John 20, 19-23," Joseph Verheyden et al, eds., *Studies in the Gospel of John and its Christology: FS. Gilbert van Belle*. Leuven: Peeters, 2014, 501-518.

_____. "The Quest for the Church in the Gospel of John." *Int* 63 (2009), 341-354.

_____. "Design for the Church in the Imagery of John 21:1-14." *Imagery in the Gospel of John: Terms, Forms, Themes, and Theology of Johannine Figurative Language*. J. Frey et al, eds., Tübingen: J. C. B. Mohr, 2006, 369-402.

_____. "Designs for the Church in the Gospel Accounts of Jesus' Death." *NTS* 51 (2005), 376-392.

Enns, Peter. 『성육신의 관점에서 본 성경 영감설』. 서울: CLC, 2006.

Gardner-Smith, P. *Saint John and Synoptic Gospels*. Cambridge: CUP, 1938.

Loisy, A. *The Gospel and the Church*. Philadelphia: Fortress, 1976.

Martyn, J. Louis. "Glimpses into the History of Johannine Community." *The Gospel of John in Christian History: Essays for Interpreters*. N. Y.: Paulist Press, 1978, 90-121.

Schneiders, Sandra M. "The Raising of the New Temple: John 20. 19-23 and Johannine Ecclesiology." *NTS* 52 (2006), 337-355.